ホッピー文化論

ホッピー文化研究会編
碧海寿広
藤野陽平
濱　雄亮
高橋典史
岡本亮輔
小林宏至

ハーベスト社

「ホッピー」はホッピービバレッジ（株）の登録商標です。

本書の記述・内容は既発表資料とフィールド・ワークで構成したものであり、ホッピービバレッジ（株）の意見・見解などを代表するものではありません。

ホッピー文化論＊目次

©OBARA Sawako, 2016
ぢどり屋（中野）

はじめに

碧海　寿広

あなたはお酒が好きだろうか？　私たちはお酒が大好きである。好きなものについて考えるのは、とても楽しいことなので、お酒について、私たちはいろいろと考えている。単にお酒そのものについて考えるだけでなく、お酒をめぐる文化や、お酒と社会の関係について、日々、あるいは夜な夜な、考えを巡らせている。

そんな私たちにとって、ここ数年、ずっと考えるのが楽しいお酒が存在する。それが、ホッピーである。

ホッピー（Hoppy）とは、ホッピービバレッジ株式会社が販売している、清涼飲料水である。清涼飲料水であるなら「酒」ではないではないか、と考えるのは早計である。このホッピーは、通常、焼酎のいわゆる「割り物」として使用する。一定量の焼酎に、一定量のホッピーを注いで飲むのである。こうして焼酎をホッピーで割った飲み物もまた、一般に、ホッピーと呼ばれる。よって、ホッピーは立派な「酒」なのである。

なお、ホッピーそのものにも、アルコールは0.8％の割合で含まれている。日本の酒税法では、1％

以上のアルコール分を含む飲み物のことを「酒」と定義するので、それ未満のホッピーは、法律上は清涼飲料水の扱いとなっているのである。

ホッピーそのものは、わかりやすく言ってしまえば、一種のノンアルコール・ビールである。実際、そのまま飲めば、ノンアルコール・ビールのような風味がする。ただし、技術革新などにより近年とてもおいしくなってきているノンアルコール・ビールに比べると、そのまま飲んでも、あまりおいしくはない。

ホッピーは、やはり、焼酎と混ぜて飲むのが王道である。そして、このホッピーで焼酎をどう割るか、という点に、ホッピーの独自性がまず見て取れる。

居酒屋などでホッピーを注文すると、あらかじめ焼酎と混ぜられたものが出てくることはごく希であり、通常は、ジョッキやグラスに一定量の焼酎が入ったものと、ホッピーのビンとが、ワンセットで出てくる。ここで、一方の焼酎に、もう一方のホッピーを、どれだけ注いで飲むべきか。少量のみ注いで、「濃いめ」のホッピーを作るか。それとも、たくさん注いで、低アルコールのホッピーを作るか。それは、ホッピーを飲む人それぞれの好みや、その日の体調次第である。

ホッピーの販売元であるホッピービバレッジでは、いちおう、推奨する割り方を示してはいる。焼酎とホッピーを1対5の「黄金比」で割れば、アルコール分5％ほどの適度なホッピーができあがるのであると。だが、こうした比率に律儀に従っている人は、それほど多くはないだろう。ホッピーをよく飲む私たちのような人間は、そのときの気分に応じて自由自在に焼酎とホッピーの比率を変化させ、このお酒の独自の魅力を、思う存分に楽しんでいるのである。

ホッピーの独自的な魅力は、しかし他にもある。たとえば、ホッピーに固有の「専門用語」である。どういうことか。飲み屋でホッピーのおかわりを注文する際、客は店員に対して、「ナカ」だとか「ソト」だとか、事情を知らない素人には意味不明の言葉を発する。「ナカ」とは焼酎のことであり、「ソト」とはホッピーのことである。

お店でホッピーを飲んでいると、しばしば、焼酎（ナカ）だけが先になくなったり、あるいは焼酎（ナカ）に注ぐためのホッピー（ソト）だけが先になくなったりする。両者の割合を、個人が好き勝手に調整するがゆえに、ほとんど必然的に生じてくる事態である。そこで、客は先に無くなったいずれか一方を店員に注文するわけだが、ここで「焼酎おかわり」だとか「ホッピー追加」だとか言うのは、ずぶの素人である。ホッピーをよく飲む者たちにとっては、そこで「ナカ」あるいは「ソト」と言うのが正しい。

これは、単に「ホッピー」と言っただけでは、焼酎とワンセットのものを注文しているのか、まだ残っている焼酎を割るための追加のホッピーが欲しいのか、判断が困難なことから自然に生じてきた言葉の使い方であろう。いずれにせよ、こうしたホッピーに精通している者だけが使える「専門用語」が存在するという点も、このお酒のとても面白いところである。

また、ホッピーの最もおいしい飲み方として、「三冷《さんれい》」なる、これまた独自の用語があることも、述べておく必要があるだろう。これは、焼酎、ホッピー、そしてジョッキの「三」つを、冷蔵庫（ジョッキはできれば冷凍庫）でよく「冷」やした上で、ホッピーを作る飲み方である。この「三冷」の飲み方で重要なのは、氷を決して加えないということである。氷を入れると、風味が損なわれてしまうからである。

こうしたお酒の飲み方に関する特殊な用語としては、たとえばウィスキーでも、「ストレート」や「ロック」といった他のお酒と共通の表現以外に、「トワイスアップ」（ウィスキーと常温の水を1対1で割る飲み方）や「ミスト」（砕いた氷のつまったグラスにウィスキーを注ぎレモンピールを絞り入れる飲み方）のような、そのお酒に特有の言葉がある。

だが、ウィスキーのような世界中で飲まれているポピュラーなお酒とは異なり、ホッピーのようなローカルでマイナーなお酒に関して、「三冷」なる素人にはやはり謎の言葉を用いた飲み方が存在していることが、興味深いのである。誰でも知っているお酒に誰もが知るわけではない飲み方があることよりも、誰もが知るわけではないお酒に誰もが知るわけではない飲み方があることのほうが、よりいっそうの好奇心をそそるのである。

このように、ホッピーはそれ自体として楽しいお酒である。だが、この一〇数年の間に顕著になった、ホッピーの人気の高まりは、むしろ、そのホッピーを受容する現代社会の変化に対する興味を催させるものでもある。

詳しくは本書の第I章をご覧いただきたいが、ホッピーは、それが発売された一九四八(昭和二三)年から現在までの間に、三度の「ブーム」を迎えている。このうち第三次の「ホッピー・ブーム」は、二〇〇〇年代の前半の頃に起こり、現在もなおその余波が続いていると言ってよい。

そうした現代におけるホッピー人気の理由については、健康ブームや昭和ブームなどとの関連で語られてきた。ビールに比べてカロリー控えめ、糖質も控えめ、そしてプリン体ゼロのホッピーが、史上かつてない熱心さで健康でありたいと願う現代人に好まれている。あるいは、ホッピーが醸し出す昭和の香りが、映画『ALLWAYS 三丁目の夕日』(二〇〇五年)の大ヒットに象徴されるような、昭和という過ぎ去りし時代へのノスタルジーの意識の高まりともフィットしている。そういった説明である。

こうした説明は、それなりに妥当であるのだろう。だが、ホッピーの人気と、健康ブームや昭和ノスタルジーとが、いったいどのような文脈で結びついているのかについて、現場での調査や、具体的な資料に基づき明らかにされることは、これまで一度もなかった。

このように言うと、たかがマイナーなお酒のちょっとした人気のことで、わざわざ調査だの研究だのと騒ぐ必要はないのではないか、といった疑問を呈されそうである。しかし、ホッピーの人気と、それをとりまく文脈について考えることは、現代日本がいかなる社会意識や欲望のもとに成り立っているのか、そうした問題について考えることに、驚くほどダイレクトにつながっているのである。

ホッピーをめぐる研究を進めることで、現代社会における健康の価値や、ノスタルジーの力についての考察が深まる、だけではない。戦後日本における、人々の生き方の変容がよく見えてくる。平成の時代における、日本のサブカルチャーの転換に関する理解がぐっと深まってくる。あるいは、現代のツーリズム的な想像力の働きが見通せるようになり、さらには、人間とモノとのつながりという、現代人類学の根本的な問いの一つについての認識までもが深まってくるのである。

ホッピーについて研究することで、現代の社会を、文化を、人間を学ぶ。それが、本書の一貫した目的である。以下、各章の概要についてあらかじめ述べておこう。

第Ⅰ章「ホッピー大衆化の歴史的背景——戦後日本における飲酒文化の変容——」（碧海寿広）では、まずホッピーの歴史を概観した後、日本の戦後史における飲酒文化の変容という観点から、平成時代のホッピー・ブームの背景に迫る。戦後日本における飲酒文化の展開について学問的に論じたものは、現状では、きわめて限られている。それゆえ、ホッピー論というやや特殊な観点からの論述とは言え、本章は酒に関する歴史研究としても一定の価値を有していよう。

第Ⅱ章「ホッピーが醸し出すノスタルジア——「昭和」から感じるなつかしさ——」（藤野陽平）では、近年、広く文化研究において検討の対象とされることの少なくない、ノスタルジア（ノスタルジー）の視点から、ホッピーとそこに託された「昭和ブーム」の構造を分析する。仮想的な過去に対する感情としてのノスタルジアは、ときにそのイデオロギー性を批判されてきた。だが、本章はそうした批判的な議論を巧みにずらしつつ、現代日本における「なつかしさ」の可能性を問う。

第Ⅲ章「ホッピーをめぐる豊かな「物語」――ヘルシズム社会における酒の語られ方――」（濱雄亮）では、「酒と健康」という、古くて新しいテーマを切り口にしながら、ホッピーの性格を解き明かしていく。空前の「健康不安社会」を迎えている現代日本では、酒をめぐる健康言説も、かつてない規模で氾濫している。ホッピーをめぐる健康の語りもこの文脈の中に位置づけ可能ではあるが、しかし、ホッピーには他の酒とは決定的に異なる特殊な「物語」も付着している。本章は、その語りの多様性について注意深く論じる。

第Ⅳ章「東京下町の男たちの〈酒〉から若者や女性も楽しめる〈酒〉へ――メディアが創出するホッピー・イメージの変遷――」（高橋典史）では、ホッピーのサブカルチャー的な「面白さ」の秘密を明らかにするために、特に一九九〇年代以降のメディア内でのホッピーをめぐるイメージの変遷に着目する。平成時代のサブカルチャーは、既に歴史的な検証の対象となりつつある。本章もまた、ホッピーを事例とした平成日本のサブカルチャー研究の試みとして、現在の私たちが受容してきた文化の特質を考える上での示唆に富む。

第Ⅴ章「浅草で正しくホッピーを飲む方法――下町と居酒屋の再想像――」（岡本亮輔）では、近年、アカデミズムはもちろんのこと、経済界などからも注目されている、観光学の知見を取り入れつつ、ホッピーをめぐる社会的な想像力の内実に迫る。二〇〇〇年代以降、居酒屋が観光地として再発見され、また東京の東側の「下町」が再評価されるようになった。浅草を訪れてホッピーを飲む観光客の増加も、こうした流れの中で生じた事態だが、その観光の「舞台」は、どのような思惑により成立しているのか。本章はクールに考察する。

第六章「孤高の「酒」ホッピー――あるいはホッピーの文化人類学――」(小林宏至)では、ホッピーの「モノ」としての特徴を押さえつつ、この酒にそなわった個人性の意味を徹底的に解剖する。昨今の人類学研究では、モノと人間の関係やネットワークという観点から、文化や社会を再考する試みが行われているが、これをホッピーという、他のメジャーな酒とはかなり異質の「モノ」を対象として考えると、どうなるか。浮き彫りになるのは、「個(孤)」の酒として現代日本の一角で大いに活躍する、ホッピーの独自性である。

以上の六つの論文により、ホッピーとは何か、あるいは、ホッピーの人気が高まっている現代日本とはいかなる時代・社会なのか、ということが、ごくごく多面的に見えてくるはずである。酒好きが高じて、酒について語るだけにとどまらず、酒を通して現代社会とそこで生きる人々について学問的に語りたくなってしまった私たちの、ホッピー文化論。本書を読むことで、あなたのお酒に対する考えがより深まるならば、それは心地のよい酔いをもたらしてくれるような、喜ばしいことである。

Ⅰ　ホッピー大衆化の歴史的背景
――戦後日本における飲酒文化の変容――

ホッピーの現状を明らかにするためにも、ホッピーの歴史をさかのぼる。と同時に、ホッピーが生まれ育ってきた、戦後日本の飲酒文化の歴史を深掘りする。それが本章の目的である。日本人の酒の選び方や飲み方は、この七〇年ほどのあいだに、いかなる変遷を遂げてきたのか。ビールという戦後日本を代表する酒の位置づけの変遷や、ホッピーのライバルであるチューハイ（サワー）の台頭などを跡付けつつ、ホッピーがやがて独自の「ほんもの」の酒として再定義されていく過程を見ていこう。

1　ホッピーの歴史と本章の課題

ホッピーは、その誕生から現在までの間に、扱われ方が大きく変わってきた。端的に言えば、ビールの代用品から、「ホッピー」という独自の飲料へと、そのイメージを変化させてきた。こうした変化の背景には、もちろん、ホッピーを生産し販売する会社側の、営業努力やイメージ戦略がある。だが、それだけですべてを説明することは不可能である。

考えるべきは、日本人の一般的な飲酒文化の変化、という点である。日本人の酒の飲み方が変わってきたからこそ、ホッピーの扱われ方も変わってきた。こうした視点が必要である。現代におけるホッピー大衆化の背景を理解する上でも、日本人の飲酒文化の変容について知っておくことが、不可欠である。

ホッピーの歴史について、ここでまず簡単に確認しておきたい。一九四八年七月一五日、ラムネ会社「秀水舎」の社長・石渡秀が、戦前から研究を続けてきたノンアルコール・ビールを、東京の赤坂で販売し始めた。それ以前に市販されていた劣悪なノンアルコール・ビールとは異なる、「本物のホップを使った本物のノンビア」という意味を込めて、当初は、商品名を「ホッピー」にしようとしていたらしい。しかし、それでは音感がよくないので、「ホッピー」と命名したという。ここにホッピーが誕生した。

ホッピーの販売を機に、社名も「秀水舎」から「コクカ飲料株式会社」へと変更される。社長の石渡が、進駐軍に対して頭が上がらない日本男性を見ていて、怒り心頭し、「ニッポン男子よ、大和魂を忘れるな!」という愛国主義的なメッセージを込めて、社名に「コクカ(国華)」と付けたという。「国の華」といえば、もちろん桜ということで、現在でもホッピーのボトルには、桜のマークが入っている。

発売後、ホッピーは爆発的な人気を博す（第一次ホッピー・ブーム）。ビールが高嶺の花の高級品であったことから、焼酎をホッピーで割る飲み方が自然と生まれ、ビールの代用品として大売れした。これによりビン不足という問題が発生したため、進駐軍が飲んでいるビールのビンを回収し、洗浄・消毒して使うようになった。当時の赤坂近辺では、アメリカ製ビールの空きビンが、大量に転がっていたらしい。現行のビンのデザインも、これを元にしている。

経済復興とアルコール飲料の多様化により、ホッピーの売り上げは低迷した。だが、一九六七年に二代目社長に就任した、石渡光一による地道な商品改良策（工場移転、ホッピー専用ビンの開発、ドイツ直輸入ホップの使用など）により、一九七〇年代後半から八〇年代前半にかけて、第二次のブームを迎えた（ピーク時の一九八一年には日産二〇万本）。この「第二次ホッピー・ブーム」に関して、当時の雑誌記事では、次のような解説がなされている。

焼酎＋麦酒様清涼飲料水＝ホッピー。これが今焼き鳥屋を中心に静かな人気を呼んでいる。「ビールの味だがスピーディに酔え、酔い醒めがさわやか。それに千円もあれば店で三、四杯飲めて十分酔える。不景気にもってきて、焼酎の人気が急上昇したのがブームの原因じゃないでしょうか」（『週刊現代』一九七八年八月一七日号）。

しかし、その人気は束の間のものであった。一九八二年に博水社が発売した柑橘系炭酸飲料「ハイサワー」の大人気により、焼酎の「割り物」市場での苦戦を強いられるようになり、ホッピーの売り上げは、再び落ちていった。

長期の低迷状態から抜け出すため、一九九五年には社名を「ホッピービバレッジ株式会社」と改名。また、地ビール業へ参入するなど、イメージ改善と、商品の新規開発を試み始めた。さらに、一九九七年には、現社長の石渡美奈が入社する。「hoppy-hi」(缶チューハイのように、あらかじめアルコール割りしたホッピーを瓶詰めしたもの)の開発・販売には失敗するも、彼女が主導したホームページの活用や、独自の広告戦略、また社内風紀の刷新などにより、二〇〇三年を境にホッピーの売り上げは急上昇していった(第三次ホッピー・ブーム)。そして、現在におけるホッピーの大衆化、というような状況を迎えていくのである。

こうした、ホッピー大衆化の背景を理解するためには、繰り返しになるが、会社側の事情を考慮するだけでは不十分であり、日本人の飲酒文化の変化について学ぶことが不可避である。だが、日本の酒文化の歴史に関する既存の研究は、前近代からせいぜい明治大正期までのものが主流である。ホッピーが誕生し成長した、戦後社会における飲酒文化の展開を学問的に論じたものは、現在のところ、きわめて少ない。

そのような状況において発刊された、直近の貴重な研究成果として、橋本健二『居酒屋の戦後史』

がある（橋本二〇一五）。同書は、戦後日本における日本人の酒の飲み方の変遷を、幅広いトピックを取り上げながら資料に基づき考察しており、本章にとっても参考になるところ大である。だが、誠に勝手ながら惜しむらくは、同書には、ホッピーに関する記述が皆無である。もちろん、ホッピーについて語らなくても戦後の飲酒文化は語れるが、しかし、ホッピーについて語ることでしか見えてこない、戦後の日本人の飲酒文化の特質というものも、確実に存在する。

そこで本章では、ホッピーの受容（非受容）との関連性の高い、戦後の飲酒文化の変遷について、いくつかの重要なポイントに着目しつつ、それぞれ資料（主に雑誌記事）にもとづき検証する。そして、これらの各ポイントに関係してくる要素が、重層的に積み上がってくることで、現代における「ホッピー大衆化」の背景が形成されてくる、といったような理解に到達したい。なお、本章の目的は、あくまでも「ホッピー研究」の視点から歴史を描くことにあり、戦後飲酒文化史の「全体」をカバーするつもりは全くないことは、あらかじめ断っておきたい。

2　戦後における飲酒文化の展開

2.1　敗戦後の飲酒文化

まずは、ホッピーがそこから生まれてきた、敗戦後の飲酒文化について見ていきたい。
戦後の厳しい物資不足（統制）の下、都市部を中心にして、様々な代用酒や闇酒が登場してきた。

なかでも「カストリ」「バクダン」の二つはよく知られており、当時の報道や、当時を回顧した文章のなかで、繰り返し言及されてきた。[2]

「カストリ」とは、粗悪なドブロク（濁り酒）の上澄みを沸騰させ、蒸留してつくったものである。度数が高いので、水などで割って飲まれた（それでもアルコール度数は二二、三度）。原料に多くの混入物が含まれていたため、出来上がったカストリもまた、質の悪い酒であった。

戦後日本の出版文化に詳しい読者であれば、「カストリ雑誌」という言葉を見聞きしたことがあるだろう。これは、敗戦後の出版自由化を機に発行された、大衆向けの娯楽雑誌のことである。雑誌に使われる用紙の質が悪かったことに加え、記事もまた粗悪なエロ・グロ・ナンセンスのものが中心であったため、その多くが、たいていは創刊から三号で休刊した。それゆえ、「三合も飲めばつぶれる」とされたカストリ酒からの連想で、「カストリ雑誌」と呼ばれるようになったのである。命名の元になったカストリ酒の、悪名の高さを伝えるエピソードであるといってよい。

一方、「バクダン」とは、燃料用のメチルアルコールなどを希釈したものである。これを飲みすぎて、失明・死亡する者が続出したとされる。たとえば、次のような回顧談がある。

　バクダンをつくるところを見たが、凄かった。大きなドラム缶に入っていたアルコールにまずゴム管を突っこんで、小さい石油缶に移す。石油缶からつぎに一升ビンに移すときに水を入れて何倍かに薄めて四十度ぐらいの焼酎と称するバクダンにする。それをサイダービンに入れて、みんなに飲ませるわけだ。／一本飲むとベロベロで、二本飲んだらもう腰が立たない（林一九八七：七四‐五）。

こうした過激な酒文化が展開されるなか、一九四八年七月一五日、ホッピーは誕生した。そして先述のとおり、すぐにビールの代用品として人気を博した。当時、高級なビールを安い焼酎で割って飲む習慣が存在したというが（キリンビール一九八八：二八六、麻井二〇〇〇：一二四）、おそらくこうしたビールの飲み方の影響もあって、ホッピーは焼酎の割り物として普及したのだと思われる。

かくして、ホッピーは、当時提供されていた様々な代用酒の一部として流通していった。ただし、他の劣悪かつ危険な酒に比べて、ホッピーは、かなり品質のよい飲料としてあった。つまり、「第一次ホッピー・ブーム」が起こった背景としては、敗戦後における危険度の高い代用酒ブーム（？）の中で、安全性や信頼性の高さにおいてホッピーが輝いていたことが大きかった。ビールの「にせもの」でありながら、独自の「ほんもの」性もまた有しているというホッピーの性格は、その誕生時から現在に至るまで、変わらぬ持ち味であるといえよう。

なお、一九五〇年までには、「カストリ」は既に過去のものになりつつあり、「アプレゲール敗退の傾向はこゝにもあらたか」と述べる記事が見受けられる（『週刊朝日』一九五〇年四月二三日号）。そのアナーキーさゆえに後世にも強烈な印象を残した焼け跡の飲酒文化だが、それが持続した期間は、案外に短かかったといってよいだろう。以後、ビール、焼酎、合成清酒、洋酒などが普及してくる。

2.2　ビールの高度成長

戦後日本における飲酒文化のチャンピオンが、ビールであることは、自明だろう。一九五〇年代末までには、アルコール類のなかで国内最大の生産量を誇るようになり、日本酒に代わる「国民酒」となっていった。経済の高度成長とともに国民の総体的な飲酒量が増大するなか、それと伴走するように生産・消費量をひたすら上昇させ続けた、大衆飲酒文化の主役が、ビールであった。

戦後のアナーキーな酒事情から抜け出し、ビールが国民的に幅広く受け入れられるようになってきた一九五〇年代後半の状況は、たとえば次のように総括された。

神武景気で、経済生活が安定して左党が増えたとか、青年婦人ファンが進出したとか、これらのブームの原因はいろいとといわれているが、麦酒酒造組合野村正太郎氏はこの傾向を「低アルコール時代の招来」と呼ぶ。／低アルコール——いいかえればアルコールの含有度の少い酒のことをいうのである。／「庶民の生活感情の変化から、その嗜好が日本酒、合成酒よりビール、ウイスキーの類に変ってきた。ウイスキーなどを低アルコールの部類に入れるのはおかしいが、これはハイボールにするから含有度は下がるわけ。経済生活も安定したし、時代も落ち着いた現代はアルコールの強い酒をあおるより、気軽に、爽かな低アルコール飲料の酔い心地が、何より歓迎され出したと考えてよいでしょう」（『週刊サンケイ』一九五七年五月五日号）。

また、ビールが日本酒を凌駕して「国民酒」になったという自覚も、この一九六〇年前後の辺りで明確化されてくる。

ドイツ人はビール、イギリス人はウイスキー、日本人は日本酒――この世界的な定説がついにくつがえされた。（中略）ことしはじめ国税庁の皮算用では、ビールからとりたてる税金の予想額は八百八十二億円、日本酒より四十九億円すくなく見積もられていたが、この六月の売れ行きで、国税庁はソロバンをはじきなおし、ビールの税金は日本酒の税金を越えるだろうとの見とおしを立てた。ビール業界はじまって以来の、いや、日本のお酒の歴史初の大珍事だ。（中略）日本人はビール――この新しいキャッチフレーズから、空前の〝ビール・ラッシュ〟のレポートをはじめよう（『週刊読売』一九六〇年七月四日号）。

アルコール度数が比較的高く、大量生産にも必ずしも向いていない日本酒に代わり、大量生産・大量消費に適し、誰もが気軽に適度に酔えるビールが、高度成長期の日本人を魅了していったのである。

ここで、そうした日本のビールの、際だった特徴をおさえておこう。

日本のビールは、何より平準的であることをその最大の特徴とする。戦後いちはやく大衆化を遂げた日本のビールだが、ヨーロッパなどと異なり、日本では品種や味わいの多様性を楽しむという風習が、あまりなかった。むしろ、「清涼飲料水」のように喉の渇きを爽快に潤し、適度の酔いをもたらしてくれる飲み物として、消費される傾向が強い。生産・販売も主要四社による寡占市場であり、それぞれに際立った個性も、近年に至るまでは、あまりなかった。[3]

目隠しテストで日本のビールの銘柄を言い当てるのは、一般消費者にとっては至難の業であり、そのためマーケティングの本などでも、「広告による宣伝効果が比例的に通用する業界」として取り上げられてきた。こうした傾向は、テレビ広告が盛んになる時代以降、熾烈なCM合戦として展開された。先進国のなかで、これほどアルコール飲料の宣伝におおらかな国は珍しいとも指摘されている（青井二〇〇三：一八〇‐一）。

こうした横並び状況のため、どこかの企業が新たなモデルを提供してヒットさせると、他の企業がそれに追従する、という流れが、戦後一貫してあった。一九八七年にアサヒが「スーパードライ」を販売し大ヒットさせると、すぐさま「ドライ戦争」が勃発したのは、その典型的なケースである。

そのため、ビールは「みんな」が飲んでいるという、一種の集団主義的な安心感をもたらしてくれる。一方で、酒の選択と消費を通して大衆からの差別化をはかりたい人々にとっては、自己の好むビール以外の酒の魅力を語るための、いわば陰画として扱われがちである。「ビールしか知らない連中」などといったように。

なお、ビールがそもそも有している大衆的な志向性については、木村尚三郎が、ウイスキーなどの飲まれ方との対比で、実にうまく言い当てている。

近代は、一方ではビールのような醸造酒を生み、他方ではアブサン、ブランデーといった蒸留酒を生んだわけですね。ビールというのはまさしく四民平等、人と人とを結び合う酒ですが、蒸留酒のほうは、むしろ都会人を孤独にする酒です。たとえばウィスキーをストレートで飲むと、だんだんしんみりしてきて、きょう一日を反省してみたりする。(笑) つまり、近代というのは、孤独な酒と大衆的な酒とを同時に生んだわけですよ(キリンビール前掲：三三三)。

さて、戦後の日本のビールの特徴について語る上では、その平準性とともに、「ビンからジョッキへ」という摂取の仕方の変化が、かなり重要である。この点、簡単に説明しておこう。

生ビールが主流となる八〇年代まで、日本のビールの主役はビンビールであった。そうしたなか、ジョッキにそそがれた生ビールを飲むのが当然という、割合に限られた場所として、たとえばビアホール（ビアガーデン）があった。飲み会でビンビールを飲む場合、ビンからコップに、つぎつ、つがれつ、という協同性がほぼ必ず発生する。それに対し、ジョッキの生ビールは、飲み方が個人で完結する傾向性が強い。本章では次節で、飲酒文化の個人化について見るが、ビールに関しては、この「ビンからジョッキへ」という変化が特に重要である。そしてそうした変化は、ビアホールなどを主たる場として、徐々に進行していったのである。

以上に見たような、ビールという無個性的だが国民の平準的な欲望に応える大衆酒の支配下において、ホッピーなる「にせもの」の酒は、居場所をなくしていった。平準志向の飲酒文化においては、たとえば高価な洋酒などよって一般大衆から卓越しようとする人々はいても、ビールの代用品のイメージが強いホッピーによって、自己を差別化しようとする者は、ほとんどいなかったのである。

2.3　女性のアルコール進出

一九七〇年代の中頃から、メディアのなかで、女性と飲酒の関係をめぐる言説が増えてくる。これは、それまで男性中心的であった飲酒文化の場に、女性が進出してきたことを受けて表面化してきた動向であった。この展開は、おおよそ二つの点から考察しておく必要がある。第一にジェンダー（社会・文化的な性差）という観点であり、第二に、飲酒文化の個人化という要点である。

酒を飲む場に女性が積極的に進出し始めたことを受け、「人前で堅気の女性が牛飲するなどハシタナイといわれる時代は去った」「女性たちが堂々とビア・ホールへ飲みにいくようになった」（『週刊大衆』一九七三年九月六日）、「都会のビアガーデンは、いまや女性客が三、四割を占める」（『サンデー毎日』一九七八年六月四日）といった記事が、量産されるようになる。だが、女性が男性と同等の立場で飲むことは、この時点ではまだ、あまり認められてはいなかった。

男性中心の飲酒文化に参入してきた女性に対して、はじめ多く発せられたのは、酒とその飲み方に関する、啓蒙的な言説であった。とりわけ、「男の前ではどう飲んだらよいのか」という問題に関する指南の類が目立った。たとえば、「かわいい酔っぱらいになる秘訣」と題された記事では、「〝あこがれの君〟のハートを射とめるチャンスです。誘われ方から飲み方、酔い方まであの手この手でがんばっちゃおう！『感じがいいな、また誘ってやろうかな！』と思わせるのも、あなたの腕（？）しだいよ！」として、「誘われ上手 断り上手」「美しく見えるポーズの研究」「楽しいムードづくり」「カッコイイおごられ方」「カワイイと思わせるマナー」などが解説されている（『女性セブン』一九七四年五月八日号）。あるいは、「お酒のマナー 美しく飲むコツを知れ」という記事では、女性司会者一名を五名の男性（バーテンダーや企業の管理職など）が取り囲み、女性に向けて「正しい」酒の飲み方を論じている（『女性自身』一九七五年一〇月二三日号）。ちなみに、女性の専業主婦率が戦後最高となったのは一九七五年だが、この頃、女性は飲酒文化の主体ではありえなかったのである。

こうした男女間の主導権の問題に限らず、当時は、飲酒をめぐるジェンダーによる分断が、かなり明確にあらわれていた。それが最も顕著なのが、洋酒に関する言説であり、男はウイスキー、女はカクテル、という通念に基づく語りが、何度も繰り返された。

すなわち、「初めてのカクテル　キミに似合うよ　飲んでみな……」「おしゃれなあなたに似合うカクテル」（『女性自身』一九七五年一一月六日号）と、飲む人間のファッション性を高めると認識されているカクテルだが、とりわけ、飲む者の「女性性」を肯定的に向上させる効果があるかのように、語られることが多い。「花ことばと同じようにスイート・マテニーには、小悪魔的なおとなの女性のイメージがつづきます。ガンチア・ハーフ&ハーフは、あいらしいチャーミングな女性。ジン・トニックには、クールで清楚な女性」（『女性自身』一九七八年一二月二一日号）といった具合に、である。

これに対して、ウイスキー、特にバーボンやスコッチなど、独自の地域性や歴史性を有するそれは、「男の酒」として、飲む者の「男性性」を強化するための格好のアイテムになることが想定されている。「バーボンには、男それぞれの出会いがある」「あのコゲくささ、それは男の革ジャンバーの匂いだ。あのノドから鼻に突き抜ける強烈な香りには人生に賭ける男の重みそのものである」「いま、一杯のバーボンを口に含むとき、キミもまた、荒々しい男を自分の中に感じるにちがいない。その意味でバーボンは、女に飲ませる酒ではないのかもしれない。あくまでも、男同士の酒だ」（『平凡パンチ』一九七五年一一月五日）といった具合である。自己の「男性性」に自覚的になり、女性を排除したホモソーシャルな「男同士の絆」（セジウィック二〇〇一）を築くための酒として、ある種のウイスキーは、非常に効果的であるとイメージされていたのである。

だが、こうしたジェンダーによるあからさまな二分法は、若い世代から徐々に切り崩されてくる。たとえば「カクテルは『女だけの飲み物』」という通念に否を唱え、「(カクテルは)ロマンを追い求めるキザラブルな『男の飲み物』でもある」と主張する若者向け雑誌の記事では、「男同士でワイワイ、ガヤガヤやるパーティだけだったら、水割りでゴクゴク、なんてのもいいだろう。しかし、キミのお目当てのオンナのコを呼ぶとなると、そうもいくまいて、ネ」と、「カクテル・パーティ」の実施を推奨している(『プレイボーイ』一九七三年五月三日号)。女性の歓心を買うために男性が女性の嗜好を採り入れていく、という方向性が、女性の飲酒文化への参入にともない、若年層では早くも生まれつつあった。

そして、男女間の対等性がさらに強まり、性差よりもむしろ「個」への注目が高まるなか、グループで集まっていても個々人が自分の好みの酒を選択し消費する、という形式が、スタイリッシュなものとして語られるようになっていく。

> いま、一人者は華麗なる「シングル」になった。結婚する、しないは個人の選択の自由。まわりがとやかく言うことではない、との意識が広がった。男も女も、自分で自分のライフスタイルを設計する。(中略)気のあったシングル男女のホームパーティ。めいめいがプルトップに指をか

け、プシュッとさわやかな音とともにカン杯。おたがいのペースを守り、ともに酔う。酔い心地はダブルだ（『サンデー毎日』一九八一年五月三日号）。

この様なかたちで、飲酒文化において女性の趣味嗜好が採用され、また個人の選択性が強化されたことにより、酒の消費のされ方に、従来にない新たな動きが見られるようになる。すなわち、多様な趣味嗜好を持つ男女の支持を、これまでにない規模で集めた酒が、「ブーム」としてまつりあげられる、という現象が、頻繁にあらわれてくるようになるのである。

2.4　酒をめぐる「〇〇ブーム」

一九七〇年代後半以降、特定の種類の酒が顕著に売り上げを伸ばし、あるいはメディアで大きな話題となることで、一定期間の「ブーム」となる、という風潮が強まってきた。

その頂点を極めるのが、一九八〇年代末年に始まった、「ボジョレーヌーボー・ブーム」だろう。毎年一一月の第三木曜日に解禁される、このワインは、時差の関係で日本では「本国フランスより八時間早く飲める」ことが話題となった。それゆえ、ワインが空輸で到着した夜、皆で先を急いで飲む、というお祭り騒ぎめいたイベントが発生したのである。

その盛り上がりが最高潮に達した、一九八九年一一月一六日には、午前零時のワイン到着を前に六五〇台のトラックが成田空港に集結。ＪＲ東日本が新宿―成田間に徹夜列車「ボージョレー・ヌーヴォー・エクスプレス」を走らせれば、六本木のカフェバーは二階建てのラウンジバス二台を連ねて成田まで飲みに行き、サッポロビールは成田の全日空ホテルとタイアップして「第一便が飲めるパーティ」を開いた（『週刊読売』一九八九年一二月三日号）。

ところが、こうした「祭」は翌一九九〇年、時期がたまたま大嘗祭と重なり自粛ムードが広まったこと、またフランスの生産者の事情や、航空機関の運賃の関係で価格が割り増しになったことなどから、嘘のように沈静化した。一九九一年には「酔いがさめるのも早かった？　ボージョレ・ヌーボー」（『週刊読売』一九九一年一〇月六日）、一九九二年には「誰も騒がない？　今年のボジョレーヌーボー」（『週刊新潮』一九九二年一一月一九日）、一九九四年には「バブルと共に消えた『ボジョレー・ヌーボー』騒動」（『週刊新潮』一九九四年一一月二四日号）という見出しのもと、「ブーム」はあくまでも一過性のものだったという自覚が、次第にはっきりしてきた。

とはいえ、この一九八〇年代末の「ボジョレーヌーボー・ブーム」という泡沫的な現象は、「ブーム」の刹那的な性格というものが、やや戯画的に、極限的なかたちで示された事例である。酒をめぐる「〇〇ブーム」というのは、もう少し、ゆるやかな速度で進行しながら世間に認知されていくのが普通である。

そうしたより安定的な「ブーム」のうち、ホッピーとの関連性の高い、二つの「〇〇ブーム」を取り上げておきたい。

第一に、一九七〇年代末~八〇年代前半の、焼酎ブームである。この頃、「労働者の酒」「低級な酒」「闇市」といった焼酎に対するネガティブなイメージが、飲む側の世代交代などのために後退し、いわゆる本格焼酎(乙類)の人気が上昇した。そして、むしろ「焼酎こそ個性的なうまい酒」として、高く評価されるようになった(『人と日本』一九七七年一一月号)。こうした焼酎人気は、その後やや低迷するも、二〇〇〇年代にブームが再来。二〇〇三年には、出荷量で日本酒を抜き、日本土着の酒の王座を、日本酒と争いうるだけの力を持つようになる。

第二に、一九八〇年代前半の、チューハイ(サワー)ブームである。一九七七年に発売された、宝酒造の「純」を筆頭とする甲類焼酎の高い人気により、チューハイ(サワー)は割り物としてヒットし始めた。甲類焼酎は、低価格であり、純度が高く二日酔いしにくく、口当たりがよい、という理由で人気が高まったとされる。そして、一九八〇年にハイサワー(博水社)、一九八四年に缶チューハイ(宝酒造)が発売されたことで、チューハイ(サワー)は市民権を得る。

これら二つのブームは、乙類と甲類の違いがあるが、いずれも焼酎の再評価、という点で共通している。なかでも特に重要なのが、後者のチューハイ(サワー)・ブームである。本章のはじめに触れたように、一九七〇年代末に一時的に起きた「第二次ホッピー・ブーム」は、このチューハイ(サワー)の人気により潰えたとされる。同じ甲類焼酎ベースの飲料ながら、より口当たりがよく種類も豊富なチューハイ（サワー）の方が、「女性化」のすすむ飲酒文化市場では、圧倒的にうけたのである。[4]

とはいえ、こうした「ブーム」の発生・後退の繰り返しによって、チューハイ（サワー）をはじめとする様々なタイプの酒が、幅広い層に浸透していったことには、大きな意義がある。そのような動向をうけて、画一的なビールという規範に従うことなく、消費者が自分の好みにあわせて幅広い選択肢のなかから酒を選ぶ、という風習が一般化してきたからである。その「好み」というのは、むろん味覚的な側面が最大のポイントだが、それだけでなく、消費者がそれぞれの酒に込める意味づけもまた、大きな構成要素となるだろう。

そうしたコンテキストにおいて、ホッピーという酒は、独自の意味合いを付与しやすい存在として、「（再）発見」されることとなった。

2.5　ポスト・ビールの時代

二〇〇〇年代以降、ビールの凋落がとどまることなく、日本の飲酒文化は、史上かつてないほどに多様化してきた。戦後に急成長し、一九九四年には年間七〇〇万キロリットルを超過したビールの消費量は、二〇〇五年までには三五〇万キロリットル以下に半減し、その後もゆっくりと落ち込んでいっている。これに代わって、発泡酒、[5]「第三のビール」、焼酎などが市場を拡大してきた。一種の疑似ビールである発泡酒や「第三のビール」も含めて考えれば、いまだ他の酒類に対するビールの圧倒的な優位性は揺るがない。だが、かつてのように国民的なレベルで自明のスタンダードである時代は、終わったと言ってよさそうである。

「とりあえずビール」の衰退も、指摘されるようになった。[6] サントリーが二〇〇八年に実施した首都圏住民を対象とした調査によれば、最初の一杯目で必ずビールを飲む人は四五％と、既に半数を割っている（ただし、酒を頻繁に飲む人ほど、一杯目はビール派が多い）。特に若い世代では「ビールは苦いから嫌い」という意見が男性の間でもみられ、サワーやカクテルや梅酒など、甘いものが好まれるようになっている。酒文化の「女性化」がさらに進んだと言えよう。その背景としては、ファーストフード店やファミレスの普及によってもたらされた、飲食をめぐる個人意識の高まりや、タテ関係の衰弱化による飲酒文化の伝承の断絶、といった要因が指摘されている。

「第三次ホッピー・ブーム」と評される現在のホッピー人気も、この「ポスト・ビールの時代」によるところが、決して少なくない。かつてビールの「代用」であったものが、「本物」の側の後退により、そのプレゼンスを拡大してきたのである。

3　考察――「ほんもの」としてのホッピー

今日におけるホッピー人気の背景を、これまで見てきたような、戦後飲酒文化の展開を踏まえた上で理解する場合、最も注目されるのは、次のような点である。すなわち、それが当初はビールの「代用品」として誕生したにもかかわらず、現在ではむしろ、独自の「ほんもの」性をそなえたブランド品として愛好者に受け入れられている、ということである。

むろん、ホッピーは開発の当初から、原料の品質などにこだわりを見せる「ほんもの」志向の商品だったわけだが、その独自価値が明瞭に浮上してきたのは、ここ最近の話であると思われる。

ビジネス戦略／マーケティング理論研究者のギルモアとパインⅡによれば、現代の企業は自己が販売する商品の付加価値として、それが「ほんもの」であるのだというメッセージを、消費者に対して訴えかけようと躍起になる傾向がある。「ほんもの」のファッション性と機能性を備えたジーンズ、「ほんもの」の素材を使った食品、「ほんもの」の新技術に基づくデジタルカメラ、「ほんもの」の自然や歴史と触れ合える観光旅行、等々。だが、その多くはあくまでも企業によるマーケティング上の工作に過ぎないことは、しばしば消費者にも見透かされており、販売する商品を真の「ほんもの」であると確信させた上で購買意欲を高めることは、容易なことではない（ギルモア＆パインⅡ二〇〇九：五一‐七五）。

そこでポイントとなるのが、企業が特定の商品に説得力のある「ほんもの」性を付与できるか、という点である。「ほんもの」の信憑を高めるために特に重要なのは、「自然」「オリジナル」「例外的」「参照」「影響力」の五つの要素である。すなわち、企業側の作為があまり加わっている感じのしない「自然」な印象を与えること、他社の製品をコピーするのではなく出来るだけ自社に「オリジナル」の商品開発を行っていること、他では得られない「例外的」なサービスや経験を提供していること、歴史や文化など特定の意味の集積をうまく「参照」した商品を創出していること、そのビジネスが企業と消費者のためだけでなく、それが関わる土地の人々や関連業界にもよい「影響力」を与えていること、である（同前：八四－七）。

ホッピーをこの「ほんもの」性の五原則から考えるならば、特に「オリジナル」「例外」「参照」の三点が際立っていると言えるだろう。それは、もともとビールの「代用品」であったとはいえ、最近はそうした来歴に対する意識が希薄化しつつあり、むしろ他に類似品が思い浮かばない、「オリジナル」な製品として流通している。焼酎に自分の好みの量のホッピーを注ぎながら割って飲むというスタイルや、「ナカ／ソト」「三冷」といった「専門用語」の使用は、「例外的」な経験を消費者に与えてくれる。そして、「昭和の酒」「東京の酒」「下町の酒」といった、歴史的・地域文化的な「参照」対象にもきわめて恵まれている。

そして、こうした「ほんもの」性をかなりの低価格で享受できるというのが、ホッピー大衆化の、おそらくは最大の要点であろう。なるほど、商品の「オリジナル」さや、歴史・地域文化的な「参照」の優位であれば、海外の高級ワインやレア銘柄の日本酒などにも、十分に当てはまるところだろう。だが、こうしたいかにも「ほんもの」の酒類は、当然のことながら、値段が高い。庶民がその「ほんもの」に手を伸ばすことは、難しいのである。

対して、ビールかそれ以下の値段で手軽に「ほんもの」を楽しめるのが、ホッピーの利点である。

比較的廉価ながら、ビールのように無個性的ではなく、また現代におけるビールの代用品である発泡酒や「第三のビール」のような、単なる「にせもの」とは完全に差別化されている。他方で、サワーやチューハイのようなバラエティの豊かさゆえの拡散ぶりとは異なる、一本気な魅力を感じさせる。はじめ「にせもの」として始まりながらも、その個性を大きく逸脱することなく維持しながら、戦後の飲酒文化史の変動を生き抜いてきた、ホッピー。そのようにして「ほんもの」の酒の一種として再定義されてきたことが、ホッピーが現代の少なからぬ日本人に愛されていることの、大きな理由の一つではないだろうか。

本章では、現代におけるホッピーの位置を、戦後日本の飲酒文化史という、やや巨視的な観点から検討した。ホッピーという酒の現代性について考えるためには、単に現在の社会状況や文化事情に関して考察するだけでは、不十分である。酒に対する人々の趣味嗜好というものは、少なからぬ歴史を背負った一種の習慣として、形作られるものだからである。本章では、そうした習慣の形成過程を素描することで、ホッピーの現代性の一端を、明確にできたのではないかと思う。

注

1　以下の記述は石渡二〇一〇を主に参照。

2　この二つのほかにも、たとえば、配給された清酒を水割りして販売した「金魚酒」(金魚がなかで泳いでも生きていられるほどのアルコール濃度の酒)、「アタビン」(飲むと頭が痛みビンビン響くという意味)などとも呼ばれた各種の合成酒、ソーダ水にアルコールと香料と薬品を添加し、油や糠などで泡立てた「人民ビール(合成ビール)」などといった、非常時の酒製品があったらしい(『サントリークォータリー』一九八〇年二月号)。

3 近年ではそうした画一化の傾向に変化の兆しがみられ、「プレミアム」や「期間限定」といった標語を掲げた多様な商品が、コンビニやスーパーなどで継続的に出回るようになっている。ただし、こうした動向が今後も続くかどうかは、未知数である。

4 麻井宇介は、一九八〇年代以降のチューハイブームの理由の一つとして、居酒屋などで(酒ビンではなく)ディスペンサーによって提供されるチューハイが、「酒」というイメージを希薄化し、それによって特に女性の飲酒に対する罪悪感が薄まったことが大きかったのだろう、と指摘している(麻井一九八八:二八七-八)。

5 一九九四年のサントリー「ホップス〈生〉」が日本初とされる。一九九八年のキリンビール「麒麟淡麗〈生〉」の大ヒットにより一般化した。

6 以下、「「とりあえずビール」衰退の背景―大人の味覚を拒む若者たち」『月刊酒文化』、酒文化研究所、二〇〇三年五月を主に参照。

参考文献

青井博幸、二〇〇三、『ビールの教科書』講談社.
麻井宇介、一九八八、『「酔い」のうつろい――酒屋と酒飲みの世相史』日本経済評論社.
――――、二〇〇〇、『酒・戦後・青春』世界文化社.
ジェームズ・H・ギルモア&B・ジョセフ・パインⅡ(林正訳)、二〇〇九(原書二〇〇七)、『ほんもの』東洋経済新報社.
橋本健二、二〇一五、『居酒屋の戦後史』祥伝社.
林忠彦、一九八七、『カストリ時代――レンズが見た昭和二〇年代・東京』朝日新聞社.
石渡美奈、二〇一〇、『ホッピーでHAPPY!――ヤンチャ娘が跡取り社長になるまで』文藝春秋.
キリンビール編、一九八八、『ビールと日本人――明治・大正・昭和ビール普及史』河出書房新社.

（碧海　寿広）

イヴ・K・セジウィック（上原早苗、亀沢美由紀訳）、二〇〇一（原書一九八五）、『男同士の絆――イギリス文学とホモソーシャルな欲望』名古屋大学出版会．
玉村豊男・TaKaRa酒生活文化研究所編、一九九八、『酒場の誕生』紀伊国屋書店．

©OBARA Sawako, 2016
焼とり　よね田（中野）

Ⅱ　ホッピーが醸し出すノスタルジア
――「昭和」から感じるなつかしさ――

昭和三〇年代を懐古させる「昭和ブーム」がホッピーリバイバルの一要因としてしばしば語られる。確かに「あの頃は良かったなぁ」と当時を偲ばせる雰囲気を売りにした居酒屋が増えており、特に東京近辺のそういった居酒屋にはホッピーが欠かせない。特徴的なのは昭和ブームに乗って開店した比較的新しい昭和風居酒屋の存在である。本章ではこうしたホッピーが飲まれる場所から人が感じるなつかしさという情動の特徴を考えてみたい。

1.　ノスタルジアとホッピーの場所

読者の皆様はホッピーを飲もうと思ったらどういった店に行くだろうか。多くの方が、もうもうと煙が立ち込めているような騒がしい居酒屋をその場面に選ぶのではないだろうか。それもメニューは串焼き、揚げ物、焼き肉といったいわゆる大衆的料理であろう。それは決して割烹、回らない寿司、西洋料理といった現代の日本社会で上品と認識されている店舗ではありえない。メニューだけではなく、どこであるかも問われる。年末にイルミネーションが煌めく青山や、若者文化やファッションの発信地、原宿ではない。東京で言えば新橋、神田、蒲田、赤羽あたりの仕事を終えたサラリーマンが集う土地がホッピーの場面である。

いつ、誰と、何の目的かも問題になろう。若いカップルが初めてのクリスマスや誕生日のデートでホッピーを飲みに行くという話はあまり聞かない。夜景のきれいなレストランで少し高めのワインを飲みながらならプロポーズする場面は想像しやすいが、ガード下でホッピーを飲みながら永遠の愛を誓うというのは珍しいケースだろう。そういう趣向の人もいるかもしれないが、現代の日本社会で一般的とはいえない。大竹聡は『中央線で行く東京横断ホッピーマラソン』の中に「クリスマスイブにホッピーはやめて！」と題したエピソードをのせている。そこでは一二月二四日に「ホッピークリスマス！」と東中野で男性二人、ホッピーを飲み交わしたが、その数日前に娘さんにクリスマスプレゼントに何を欲しいかと尋ねたところ「わたし、何もいらない。何もいらないから、クリスマスイブだけは、ホッピーを飲まないで」と頼まれたというエピソードを紹介している（大竹二〇〇六：四三）。

服装はTシャツにジーンズでもいいし、スーツ姿のサラリーマンがネクタイを緩めても構わない。このようにホッピーのドレスコードは、緩やかで気取らないのだが、一方、ドレスやタキシードは不釣り合いである。何を着ていてもいいのではなく、正装ではない。このようにホッピーは思いのほかしばりの多い酒である。

ビールの代用品として生を受けたホッピーは「偽物のビール」と捉えられることがあり、本物とされるビールと比べて低級な飲み物と思われている節がある。私はその点を積極的に「本物のニセモノ」と捉えている。そのマガイモノのもつ、いかがわしさと、あやしさを兼ね備える独特な存在感がホッピーの魅力の一つと考えている。このビールのような飲み物というマガイモノ性のせいだろうか、ホッピーとビールには大きな違いがある。それはホッピーのもつTPOのしばりである。ホッピーが許容される場所の限定性は、最初の一杯に「とりあえず」注文されることの多いビールが獲得している高い汎用性と対照的である。こうしたホッピーの特徴はホッピーに限ったことではなく、いわゆる大衆的な居酒屋で提供されるハイボールや酎ハイといったものとも共通性が多いかもしれない。しかし、ホッピーはよりマイナーで特異である。ナカだの、ソトだの、三冷だのといった呪文のような合言葉はわかる人とわからない人を選別し、秘密結社じみた雰囲気がある。以前に比べれば知名度が上がったとはいえホッピー自体まだまだ知らない人も多い。この独特な酒は酎ハイやハイボールと比肩できないだろう。このホッピーのマイナーな点を引き出すその独特さをその飲まれる場所を通じて考えてみたい。

ホッピーが楽しまれる居酒屋の特徴の一つに、「昭和」をイメージさせる店構えがあげられる。ここではこうしたホッピーが飲まれる空間の特徴を強く持つ居酒屋を「ホッピー居酒屋」と名付けて、考えてみたい。特に対象とするのは第三次ブーム以降に出店した新しいホッピー居酒屋である。こうした店舗をここでは特に「平成ホッピー居酒屋」と呼ぶことにする。第三次ブームの要因としてしばしば昭和ブームが指摘される。

メディア学、文化社会学を研究する日高勝之は著書『昭和ノスタルジアとは何か』の中で「ALWAYS　三丁目の夕日」などの映画の分析を通じて「昭和ノスタルジア」を考察している。その際にラクラウとムフの敵対性という概念をもちいて昭和三〇年代前後とそれ以外の時代を見ようとする傾向を分析した。そこでは貧しくとも心が豊かであった「あの頃」はよかったが今はそうではないと、現在をネガティブに昭和三〇年代をポジティブに語るという（日高二〇一四）。本章ではこうした昭和ノスタルジアブームをホッピーが飲まれる平成ホッピー居酒屋がどのように「昭和」を醸し出しているのかを考察することで、人が感じるなつかしさとはどういったものなのかを考えてみたい。

「ノスタルジア」という語であるが社会学者のF・デービスは「引き裂かれた過去への郷愁」と定義している。人が何かに対して「なつかしい」と感じるには、いくつかの条件がある。まず、当たり前であるが大前提として過去であること。ただし、過去であってもつい最近の過去のことは懐かしいと感じにくい。例えば昨日の晩御飯を懐かしむ人は滅多にいないだろう。ではどの位の過去であればいいのだろうか。あまりに古いと懐かしくはない。例えば縄文土器や石器は懐かしいようなものではない。重要なのはデービスがいうように、その過去が現在の自分から「引き裂かれ」ているかどうかである。あまりに近い過去は引き裂かれたと感じにくいし、「伝統」的なものは現在に伝わっているため、やはり引き裂かれていない。さらに自分が体験しようもない歴史的なこともその対象にはならないだろう。以前は身近にあったが、今は無くなってしまったそういうものに対する愛おしさを含んだ情動、それがノスタルジアである。

こうしたノスタルジアという情動には一つ重要な特徴がある。それはその過去を本人が体験していなくてもいいという点である。わかりやすい例を挙げるならば、「兎追いし、彼の山。小鮒釣りし、彼の川」で始まる唱歌の「故郷」を思い出してほしい。多くの日本人がこの歌に描かれた風景に、ふるさとを感じるのだが、そのうちの大多数が、そのような田園風景の中で幼少期を過ごしたわけではない。不思議なもので人間とは経験していない過去を懐かしむことができるのである。

ホッピーに話を戻そう。第三次ブームに昭和ブームが影響しているとしばしば言われるが、今日ホッピーに昭和を見出し、懐かしさを感じている人たちの中に、第一次もしくは第二次ブームの際に実際にホッピーを飲んでいた人はどれほど含まれているのだろうか。おそらくそれほど多くはないと思われる。大多数は第三次ブームになってからホッピーに接した人なのだろう。日々ホッピーを愛飲する私も昭和五三年生まれであり、当然第二次ブーム時にホッピーを飲んだことがあろうはずもない。しかし、確かにホッピーやそれを飲む空間になつかしさという情動が刺激されるというのはわからなくもない。

ここでは場所の持つ文化的側面に着目しながらホッピーが醸し出す昭和ノスタルジアを考えていき

たい。まず人間にとって場所とは物理的なものだけではなく、文化的なものでもある。唐突に何を言い出すかと思われた読者もいるかもしれないが、我々を取り巻く空間は人間が認識することによって場所となる。例えば「東京」という場所であるが、それは地球上のある空間を我々が「東京」と認識しているだけのことであって、文化的なものである。その我々が東京として認識している場所に例えば都会でにぎやかとか、世界の最先端でありつつ数百年の歴史を持つとか、東京の人は冷たい等といった様々なイメージを重ねることで、多層的で複合的な東京が出来上がっている。

ホッピーを飲むことを単に物理的な飲食ととらえるならば、どこで飲んでも同じことだろう。しかし、ホッピーは場所を選ぶ酒である。大衆的で、安価で、ざわついていて、煙っている雑然とした場所だからこそホッピーがホッピー足り得るのだ。万が一ホッピーが高級料理店のワインリストや日本酒リストに名を連ねるようなことが起きてしまったら、おそらくホッピー本人が場違いさに苛まれることになるだろう。私も一ホッピーファンとしてそんなホッピーの姿は見たくもない。串焼きの煙にいぶされながら堂々と大衆性を誇るそんなホッピーの姿こそ、ここで考察する対象である。

2　ホッピーと昭和ブーム

二〇〇〇年代以降のいわゆる第三次ホッピーブームの背景には映画「ＡＬＷＡＹＳ　三丁目の夕日」のヒットに象徴されるノスタルジアをそそられる昭和ブームがあった。こうした昭和イメージをコンセプトにした居酒屋が増えている。第二次ブーム以前からホッピーを出していたような真正の昭和ホッピー居酒屋は特に昭和を装わなくても、その場所は昭和からの連続性の中で徐々に構築されてきたものである。逆に根本的な改装を施さなくては昭和の持つ雰囲気から逃れることはできないだろう。一方で平成になってからできた平成ホッピー居酒屋はいくつかの印象操作を行うことで、利用客に昭和風の場所と感じさせている。

写真1

写真2

　こうした場にはいくつかの共通した特徴が見いだせる。店内には「昭和グッズ」とでもいうような、うちわ、ポスター、ブリキの看板、手書きのメニュー等がインテリアとして利用される（写真1）。店内には屋内にもかかわらず屋根があり、さながら屋台の雰囲気を醸し出している（写真2）。そうしたインテリ

写真3

写真4

アの中でも特に赤提灯が店内を照らしていることが多い。またテーブルや椅子にもこだわりがある。座り心地がいいとはいいがたい高めの椅子であったり、店によってはビールケースをひっくり返したものであったり（時にその上にはご丁寧にクッションがのせられていることもある（写真3））、テーブルもドラム缶をひっくり返して使ったものであったりする。食器も「昭和」を感じさせるステンレス製の皿（写真4）であったり、調味料もきどった別の容器に移し替えることなく、あえてスーパーで買ってきたようなそのままのものが使用されたりする（写真5）。こうした店舗の店員は制服としてのそろいのTシャツと前掛け、はちまきを身につけ、威勢よく注文を受ける。実際、ホッピーを出し続けてきた真正の昭和居酒屋には制服なんてないし、威勢がよくないといけないということもない。

写真5

写真6

音楽にも傾向がある。ほとんどが一九八〇–九〇年代のヒット曲が多い。これは主たる客層である三〇代四〇代が懐かしいと感じるものであって、実際に昭和三〇年代のムード歌謡、フォークソング、演歌がかかっていることはまれである。それに対して昭和ホッピー居酒屋ではテレビで野球放送をやっていることはあっても、音楽なんてかかっていないことが多いのではないだろうか。

また特徴の一つにホッピー入門者にもわかりやすい設えをあげることができる。例えば、写真6をご覧いただきたい。これは大手居酒屋チェーン店が展開する平成ホッピー居酒屋のテーブルに置かれていたものである。筒状のものに「串入れ」と書いてある文字通り串焼きを食べた後に残った串を入れる串入れであるが、本書の読者諸氏ら居酒屋の達人達にはごくごく当たり前の知識であって、串入れなんて書かなくても、居酒屋に空の筒が置いてあれば食べ終わった後の串を無意識に入れてしまうだろう。しかし、平成ホッピー居酒屋は、数十年来の常連客を相手にしているのではなく、ホッピーを飲んだこともない顧客もターゲットとなる。その場合、串入れに串入れと書かないと食べ終えた串の置き場がわからないという事態に陥ってしまうことがあるのだろう。ただ、こうしたホッピー初心者向けの店づくりはホッピー居酒屋の気軽さを生み出してもいる。真正な昭和ホッピー居酒屋は往々にして常連客が多く、一見さんにはやや敷居が高いことがある。そうした大人の階段を登りつつあるライトユーザーたちにこうした店舗がうけている。

このようにホッピー居酒屋の空間はその現代の若者たちが「昭和」を感じるように器用に作り出されたものであった。こうした設えは当然それしかないから使っているのではなく、あえて安っぽさや気軽さを演出することで、こだわらない事をこだわっているのである。これは前節で述べたホッピーのもつ強烈な場所性が表れているのであって、ホッピーを提供するための空間設定でもある。

3　平成ホッピー居酒屋はどう「昭和」を再現しているのか。

それでは実際のいくつかの平成ホッピー居酒屋を見ていきたい。こういった店舗が社会に向けて自分達をどう表現するのかを考える際にウェブサイトは役に立つ。まず、ここから分析してみたい。

3.1　なぎ屋

この店のホームページを開くと挨拶として以下の文言が掲げられている。

「なぎ屋の心
マツリ
なぎ屋は元気と威勢のよさがウリです！！
祭りと縁日の喧騒を楽しんでいただきたい！！
最高の料理、最高の酒、最高の笑顔！！
全力で皆様を盛り上げます！！
エンニチ」
(http://www.nagiya.com/) 二〇一六年二月二六日確認

まず目に飛び込んでくるのは赤い字で強調された「マツリ」と「エンニチ」の文字である。「祭」でもなく「まつり」でもなく片仮名で「マツリ」と表記された、ここでいうところのマツリとは「エンニチ」に代表される「ハレ」の場の側面であろう。それは「元気」、「威勢のよさ」、「喧噪」といった文言にも表れている。祭礼の宗教的場面は「厳粛」であり、「格調高く」、「古式ゆかしい」ものである。ここで挙げられている「マツリ」のにぎやかさとは一線を画していて、「文化祭」、「体育祭」、「感謝祭」といった非日常の賑やかなひと時といった意味に近い使い方であろう。このにぎやかなハレのマツリを構成するのが「最高の料理」「最高の酒」であり、店員による「最高の笑顔」と述べられる。

ここで提供される「マツリ」の内容を考えてみよう。「全力で皆様を盛り上げます」と述べられているように「喧噪」の中でにぎやかな気持ちになることを指している。

やはり居酒屋の一番のウリは「最高の料理」、「最高の酒」であろう。メニューをみてみると、焼きとん、焼き鳥、もつ鍋、煮こみ、一品料理、飲み物といったホッピー居酒屋にふさわしいラインナップになっている。ただ、エンニチかと言われればやや違和感がある。私のイメージではマツリのエンニチはたこ焼き、焼きそば、お好み焼きといった粉ものや、リンゴ飴やかき氷といったもの、さらに最近ではトッポギやケバブといったエスニック料理も見られる。こうしたものがエンニチの料理の代表的なのではないだろうか。

音楽も流れているが、話を聞いてみると店員の音楽プレーヤーを接続してそのまま流しているとのことで、九〇年代を中心としたＪ－ｐｏｐが中心である。マツリという意味ではお囃子や神楽というようなＢＧＭが流れるというわけではない。

ただ、こうした祭りではない「マツリ」の空間を店員も顧客も共有している点が重要である。私自身、こんなもの祭りではないと目くじらを立てる気にもならない。ホッピー空間はニセモノの持つ本物性を楽しむフィクションとしての昭和空間なのである。

3.2 新橋 やきとん

次により「昭和」イメージを鮮明に出す居酒屋を見てみたい。やはり、ホームページから見てみよう。

「立ち呑みで今宵も楽しく気軽な一杯!
昭和の雰囲気が漂うレトロな店内。とにかく安くて、美味いをモットーに、やきとんをはじめ、もつ煮込みなど、心温まるメニューが多数用意されている。会社帰りの気軽な一杯から、立ち呑みならではの活気を楽しみたい人、仲間同士みんなでワイワイ飲みたい人など、使い方は自由自在だ。」

(http://bimi.jorudan.co.jp/shop/81495/) 二〇一六年二月二六確認

直接的に「昭和の雰囲気」と謳う本店であるが、その「昭和」イメージとはどういったものであろうか。ここでは店内が「レトロ」であり、食事が「安くて、美味い」ことがモットーだといい、そうしたメニューは「心温まる」のだという。

ここでいう「心温まるメニュー」とはどういったものなのか。感覚としてはわからなくもないが、説明しようとしてもなかなか難しい。やきとんや、モツ煮込みが心温まるメニューといえるかどうかは意見の分かれるところだろう。では、メニューではない何かによって「心温」められていると考えるべきである。文末に「仲間同士みんなでワイワイ」というが、これはわかりやすい。人とのつながりのことであろう。確かに、話し相手もなく独り寂しく食べる食事は味気ないもので、「心温まる」要素は少ない。ただ、この店に一人で呑みに行った場合にはどうなるのだろうか。こころ温まらなくなってしまうのだろうか。

この点を補っているのが、「活気」という要素である。先の「みんなでワイワイ」の「ワイワイ」の部分と共通する。確かにこの手の店はたいていにぎやかである。これは「うるさい」のではなく「にぎやか」なのである。

独りである事は気楽であるが、時にもの寂しさも兼ねてしまう。特に自分は孤独なのに周りのみんなが楽しそうというのは、孤独感にさいなまれる。例えばクリスマスイブに彼女のいない独身男性がわざわざ独りでデートスポットには行かないだろう。その場所にどうしても避けられない用事でもない限り、近寄らないようにすることの方が多いのではないだろうか。

一方でホッピー居酒屋は周りのみんなが楽しそうなのに、一人で行くこともできる場所である。そして何となく、彼らの楽しさが伝染する場所でもある。電車の中でけんかが始まると、車内に乗り合わせた全員の気分が悪くなるように、人間の情動は個人的なものではなく、社会や環境の影響を強く受け伝染することがある。

ここで情動という言葉について説明しておきたい。文化人類学の分野で情動研究を牽引する西井凉子は、スピノザからドゥルーズへの情動論的転回と呼ばれる議論を踏まえた上で、情動（アフェクトゥス）を怒りや悲しみといった個人的な感情ではなく、身体をもち共にいる個人個人が意識や主体を超えて互いに触発しあうことで生まれるエネルギーのような心のあり方と捉えている。そしてその情動は自然や人、モノといった様々な主体の反響関係から「出来事」を生成する（西井二〇一三）。人間の情動は個人の心の中だけで働くのではなく、我々をとりまく環境からの刺激によって起きている。こうした居酒屋の設えやにぎやかな雰囲気一つ一つが我々に昭和ノスタルジアという情動を喚起させ、その昭和雰囲気の一つの装置としてホッピーが使用されていると考えることができるだろう。

繰り返すが、この喧噪は「にぎやか」なのであって、「うるさい」のではない。開店間もなくまだ客入りのよくない、がらんとした物静かなホッピー居酒屋にて一人で杯を傾けても「心温ま」らない。「活気」はホッピー居酒屋のもつ欠くことのできない重要な一要素なのだ。

店の様子を見てみよう（写真7）。新橋駅すぐ近くの路地に位置する本店は、無数の提灯で照らされ、入り口には暖簾がかかっている。さらに戦後すぐの闇市のバラック小屋のイメージだろうかトタン板

写真7

写真8

を外装に使い、その前にビールケースが積みあがっている。店内には手書きのメニューや、ひょっとこのお面がインテリアとして使用され（写真8）、立ち飲みやであるために椅子はないが、ドラム缶をつかったテーブルが雰囲気を醸し出している（写真9）。厨房に向かってカウンターがあり、その上には屋内にもかかわらず屋根がある（写真10）。店内にはテレビがついているが、同時にＸＪＡＰＡＮのライブ音源もかかっている。本店の設えは典型的な平成ホッピー居酒屋に位置づけられるだろう。これがなぎ屋のいうマツリの雰囲気であったり、本店の昭和のイメージだったりするのだろう。こうした昭和風の設えの中で、人々は懐かしいという情動が刺激され、ホッピーはそうした空間の昭和っぽさを醸し出すことに一役買っている。

4　ホッピーのもつなつかしさ

これまで平成ホッピー居酒屋に焦点を当ててホッピーリバイバルの一因である昭和ノスタルジアのもつ場所性について考えてきた。こうした場所から感じさせるノスタルジアは何も居酒屋だけではない。例えば、「レトロ調」をうたった洋食屋も新しく開業しており、ホッピー居酒屋とは異なる佇まいでありながらも「当時」を連想させる設えとなっている。こうした昭和の雰囲気を売りにする施設としては新横浜ラーメン博物館が先駆的な例となるだろう。

この他にも様々なものが人になつかしさを感じさせる。大手スーパーの出店にもかかわらず健気に営業を続ける商店街であったり、雑貨屋で見かけた

写真9

写真10

面子やおはじきといった子供のおもちゃであったり、旅先で訪れた農村や離島の風景であったりする。さらに沈みゆく夕日にも、どことなく懐かしいような、ものがなしいような、甘酸っぱいような情動が喚起される。太陽は毎日沈んでいるのだが、どうして人は夕日で昔を思い出してしまうのだろうか。

冒頭で紹介したデービスのノスタルジアの定義をもう一度思い出してみよう。彼はノスタルジアの要件に断絶をあげていた。ならば、「昭和」にノスタルジアを感じさせる断絶は何だろうか。これはおそらく、バブル期であろう。第二次と第三次ブームの間のバブル期にはボジョレー・ヌーボーブームに代表される大衆性を避ける時期があった。この時期は「トレンディー」で高価で派手なものがもてはやされ、いわゆる昭和的なものは「ダサい」ものとして、若者文化から遠ざけられた。その昭和の中にはホッピーも含まれ、日常の飲酒生活の中からホッピーの姿も消したように見えた。これがホッピーを懐かしく感じさせる断絶であろう。逆説的であるが、バブル期にホッピーを忘却したこと。もちろんここで言いたいのは文字通りホッピーを飲まなくなったということではなく（そもそも第二次ブームまでホッピーはごく一部の人が飲んでいただけの存在である）、ホッピーの醸し出してしまう昭和の雰囲気を退けた時期があったことが第三次ブームの一つの背景といえないかということである。この時代のホッピーばなれは石渡美奈が振り返るように彼女がホッピービバレッジに入社した一九九七年当時、社員ですらホッピーを飲まなかったというエピソードにも垣間見られる（石渡二〇〇七：一三八）。

こうした断絶の先に生じるノスタルジアであるが、危うさも兼ね備えてしまう。それは本章で見てきたように、人々の感じるなつかしさは実態を伴っているとは限らない上に自分の都合で「当時」を改変してしまうということである。例えば私の子供時代の昭和五〇年代には、近所にはまだドブがあった。夏場になると異臭を発し、それが流れ込む小さな川は近くを歩くだけで鼻が曲がりそうになったのを覚えている。親の世代と話をしていると、彼らが幼かったころには東京の外れ大田区にも畑があって、そのための肥溜があり、臭いので道の反対側を歩くようにしていたという話を聞いたことがある。平成のホッピー居酒屋が提供する昭和イメージにこうした負の要素が入り込むことはまずありえない。

先に紹介した日高の議論（日高二〇一四）を参考にしながら検討したい。彼がノスタルジアの特徴として挙げたのはその敵対性である。時代を区切って対比することで「人情のあった昔／人が冷たい今」、「心が大切にされたあの頃／モノばかり重視される現代」といった風に、古き良き時代を設定することによって、その前後時代を批判するその構造である。こういった論法がとられる際には、当時のマイナスの面は意識的にも無意識的にも後景に退けられる。こういったノスタルジアのもつ政治的なものには意識的であるべきだし、過剰な利用はその是非を検討されるべきであろう。

しかし、ここで見てきたホッピーやホッピー居酒屋が訴えかけてくるなつかしさというものは、学術的に、もしくは政治的に否定的に語られるこういった事実とはすこし様相が異なるように思われる。ホッピーは酒を飲みながら日々の疲れをいやすひと時に、文字どおり「呑気」なステレオタイプがもたらす虚構の世界の中で、日常から離れた雰囲気を醸し出している。そもそも、客の中にあの場を本当に昭和だと思っている人はいないだろう。平成の世の中に生じた「昭和」と、平成生まれの人達でも懐かしめる「昭和」の姿といったフィクションを織り込み済みで楽しんでいるのである。

日高の論じた映画の作り手たちの分析であれば、そこに込められた政治性は検討されるべきものかもしれない。しかし、平成ホッピー居酒屋で昔は良かったという雰囲気の中で酒を飲む人々のことを考えた場合どうであろうか。日々突きつけられる避けようのないつまらない今という現実がある場合も少なくはないだろう。今日一日、もしくはこの一週間なんとかそうしたくだらない日々をやり過ごした男たちが、またやってくる明日もしくは月曜日をしばし忘れたいその気晴らしの場に、古き良きあの頃に帰ったような雰囲気を添えているだけである。平成ホッピー居酒屋のもつノスタルジアは、リアルな今からほんのひと時逃避したいという「あの頃」からのささやかな抵抗の手段の一つなのかもしれない。

参考文献
Davis, F., [1979] 1990, *Yearnig for Yesterday: a Sociology of Nostalgia*, The Free Press, a Division of Macmillan, Inc.（間場寿一・細辻恵子・荻野美穂訳『ノスタルジアの社会学』世界思想社、一九九〇年）.

布施克彦、二〇〇六、『昭和三三年』ちくま新書.
日高勝之、二〇一四、『昭和ノスタルジアとは何か――記憶とラディカル・デモクラシーのメディア学』世界思想社.
石渡美奈、二〇〇七、『社長が変われば会社は変わる!――ホッピー三代目、跡取り娘の体当たり経営改革』阪急コミュニケーションズ.
片桐新自、二〇〇七、「「昭和ブーム」を解剖する」『関西大学社会学部紀要』三八(三):四三-六〇.
切通理作、二〇〇六、「昭和ブームを支えるヴァーチャルな懐かしさ」『中央公論』一二一(七):一六四-一七五.
大竹聡、二〇〇六、『中央線で行く東京横断ホッピーマラソン』酒とつまみ社.
西井涼子、二〇一三、『情動のエスノグラフィ――南タイの村で感じる・つながる・生きる』京都大学学術出版会.
高岡文章、二〇〇七、「近代と/へのノスタルジー――近代化遺産と昭和ブーム」『福岡女学院大学紀要・人文学部編』一七:A一一一-A一二四.
矢吹まい、二〇〇八、「なぜ今昭和に心惹かれるのか――映画『ALWAYS　三丁目の夕日』に見る昭和ブーム」『表現文化』三:九六-一一一.

（藤野　陽平）

串カツ屋エベス（南阿佐ヶ谷）

Ⅲ　ホッピーをめぐる豊かな「物語」

――ヘルシズム社会における酒の語られ方――

ホッピーには三度のブームがあり、もっとも近年のブームは二〇〇三年頃から現在まで続いている（金丸 二〇一五）。ホッピーは、当初はビールの「代替品」として登場したにもかかわらず、現在のブームにおいては「健康食品」であるかのようにも語られている。本章では、「酒と健康」という一見水と油にも思える軸を手がかりにしてホッピーの語られ方＝「物語」を他の酒と比較し、ホッピーの独自性についての理解を深める。

1　酒と健康

酒と健康は、一見水と油に思えるものの、必ずしもそうではない。典型的には、言い訳がましい酒飲みが好む、「酒は百薬の長」という慣用表現がある。その意味するところは、酒はほどほどに飲めば体によい効果がある、といったところであろう。こうした考えは、江戸時代前期にはすでに記録に残っている。江戸時代は、健康維持に関する著作が多く出版された時代であった。当時は、「養生」という語が用いられていた。「養生」とは、生きることや生命自体に対して養分を与えて、あたかも草木が伸びるかのように人間の本性を充実させていくことである（瀧澤 一九九八：一〇）。この「養生」について論じた著作は非常に多く、それらは養生論と総称される。その代表が、『養生訓』である。『養生訓』は、医師であり朱子学者である貝原益軒が一七一三年（正徳三年）に出版した。八巻からなっており、そのうちの三巻と四巻が「飲食」についての巻であり、非常に大きな比重を占めている。飲酒についてもまとまって記述されている。そこで、当時の人びとの酒と健康に関する意識と実態を知る重要な手がかりとして、『養生訓』を開いてみよう。その冒頭部には、以下のように記されている（一部の漢字・送り仮名を引用者が改変）。

酒は天下の美禄なり。少し飲めば陽気を助け、血気をやわらげ、食気をめぐらし、愁いを去り、興を発して甚だ人に益あり。多く飲めば、又よく人を害する事、酒に過ぎたる物なし（貝原 一九六一：九一）。

酒は量を限って飲む分には気持ちを高揚させ体調をよくする作用をもつため長寿をもたらすが、多く飲むと害をもたらす、というのである。「過ぎたるは猶及ばざるが如し」とも言うべきか。具体的な飲み方として、「多く飲んではいけない、一緒に飲む人に強くすすめすぎてはいけない、焼酎を飲むときには辛いものを一緒に食べてはいけない」などの方法が紹介されている（大河 二〇〇七）。今でもうなずける内容ではないだろうか。

こうした記述は、一見すると単なる健康マニュアルにも思える。しかし、もっと奥が深い。自然の中で人間はどのような存在であるか、人生を味わうにはどうすればよいか、といった大きな問いが背景にひかえているのである。「身体的および精神的な安定を図り、自然の法則に従った自由で自律的な生活を理想とする人間哲学の原理」が念頭に置かれているのである（瀧澤 一九九八：一八）。そのため、当時の武家社会における主流の倫理である朱子学的倫理観を基礎に置きつつ、経験的実証性・実用性からなる具体的な生活技術が体系的に記述されている（瀧澤 一九九八）。そこでは、過不足のない「中庸＝ほどほどであること」に価値が置かれつつ、酒を飲みたいということに代表されるような「欲望」も全否定されない。欲望と対話して妥結点を見いだすことを、読者一人一人に求めるのである。具体的な飲み方を紹介するあたりは、『論語』や『コーラン』のような、具体性を重視した聖典とも共通していて興味深い。

「飲み過ぎない」ことが強調された江戸時代を過ぎて明治時代に入ると、「舶来の妙薬」としてのポジションを獲得する酒が現れる。ワインである。一八七七年には明治天皇が西南戦争の負傷兵に見舞いの品としてワインを与えたという（キリンホールディングス）。また、一九〇七年に発売され、一九二二年には日本初の「ヌード広告」（図1）を打って話題になった「赤玉ポートワイン」は、その広告に

「美味　滋養」と、健康への効果を謳う表現を用いている(サントリー)。「滋養」とは、「栄養になること・栄養成分そのもの」のことである。この宣伝文句は昭和三〇年代になっても用いられ続いており(図2)、酒に薬用効果を期待する発想の根強さがうかがえる。この発想は、動脈硬化に効果があるという説によって火がついた一九九〇年代のワインブームにも通じている。一九八〇年代の焼酎ブームも、「健康によい」というイメージに支えられた面があった。

　このように、私たちと酒を結びつけるきっかけとして、「健康」は実は非常に大きな役割を果たし

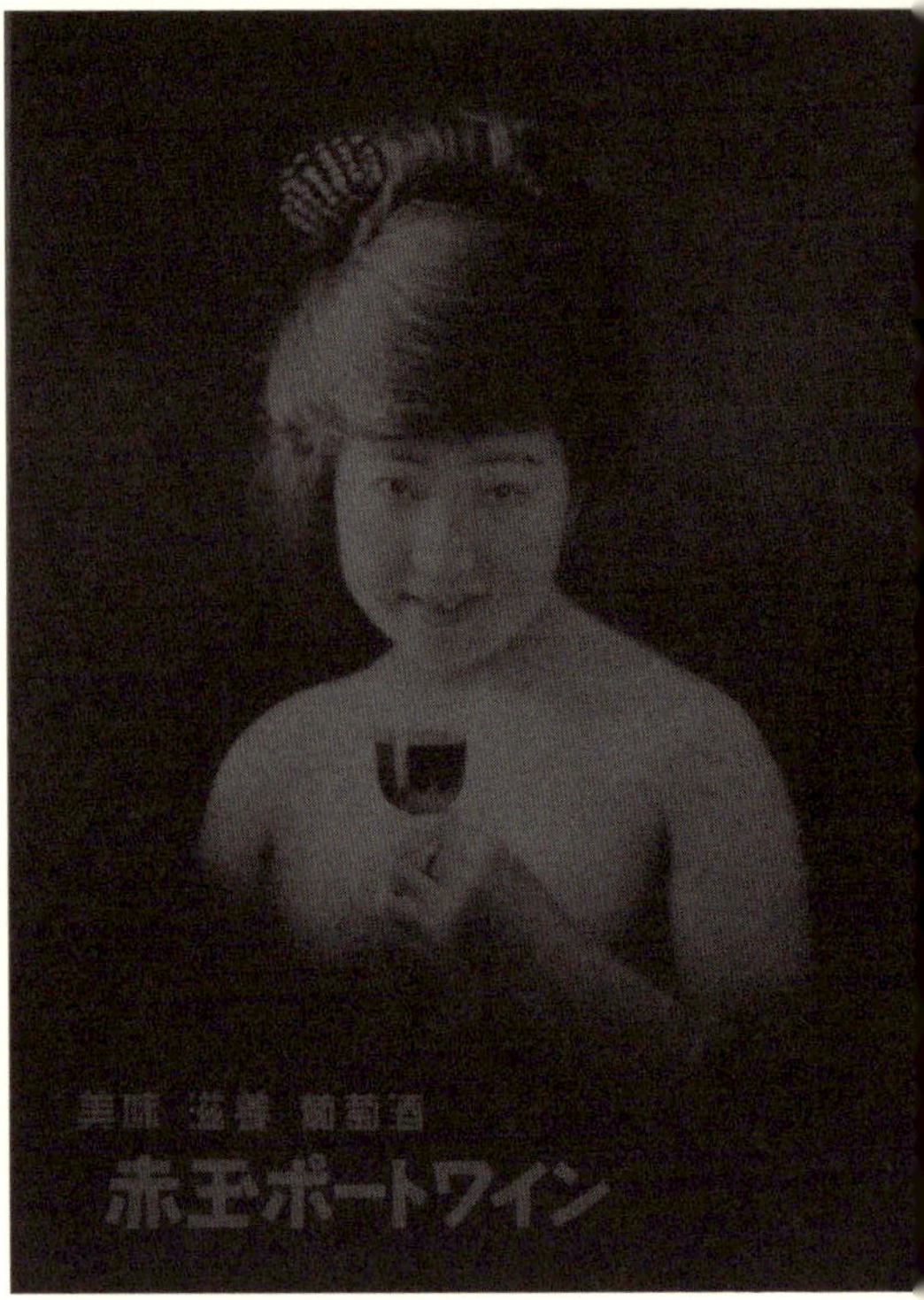

図1　赤玉ポートワインの広告

図2　昭和30年代の朝日新聞における広告
(朝日新聞1955年2月12日10面)

ていたのである。「酒と健康」は、水と油の関係ではない。むしろ、結びつきやすい関係にあるとさえ言える。

2　健康と現代——ヘルシズム社会の到来

さて、「酒と健康」は決して水と油の関係ではなく、むしろ蜜月と言うべき関係があったことが分かった。では、二〇〇〇年代においてはどうだろうか？

2.1　メディアと「健康」

現代は、臓器移植医療や宇宙開発の進む科学技術の時代であり、多チャンネル化や大容量高速通信が実現されたメディアの時代でもある。この時代においても、「健康」の占めるポジションは非常に大きい。今朝の新聞や昨日の電車内に、あるいはインターネットに洪水のようにあふれる広告を思い浮かべてほしい。「健康」の維持・増進を図るための食品・器具等の広告の、なんと多いことか。また、「健康」をテーマにしたテレビ番組は非常に多く、多くのキー局が人気タレントや医師が多数出演する番組を放送しており、好評を博している（表1）。さらに、二〇〇七年一月七日にフジテレビ系列で放送された「発掘！　あるある大事典Ⅱ」において、「納豆を食べるとやせられる」という趣旨の放送が行われたものの、その根幹の部分がねつ造であったことが判明し番組が打ち切られるという事件

表1　「健康」番組一覧（2016年4月現在）

番組名	放送局	放送曜日・時間	放送開始年
総合診療医ドクターG	NHK	不定期	2010年
健康カプセル！ゲンキの時間	TBS	日曜日7時～	2012年
主治医が見つかる診療所	テレビ東京	月曜日20時～	2006年
みんなの家庭の医学	テレビ朝日	火曜日20時～	2010年
ガッテン	NHK	水曜日19時半～	1995年（2016年に番組名変更）

もあった。これは、制作サイドに「健康ネタに視聴者は非常に強く反応する」という意識が強かったからこそなされたものであろう。実際、放送後に納豆の売り上げは急上昇したという。

メディアにとって「健康」は、確実に数字が獲れるキラーコンテンツである。私たちはそれに飽きもせずについつい引き寄せられてしまう。それがまた次の健康番組や広告を生み出す。この相互関係は、当分終わりそうにない。

2.2　「国民の責務」としての「健康」

「健康」は、ビジネスチャンスや気になる耳より情報であるだけではない。今や、「国民の責務」にさえなった。二〇〇二年に制定された「健康増進法」の第2条には、「国民の責務」として以下のように記されている。

> 国民は、健康な生活習慣の重要性に対する関心と理解を深め、生涯にわたって、自らの健康状態を自覚するとともに、健康の増進に努めなければならない。

つまり、「健康」はもはや「ブーム」でも「権利」でもなく、「義務」になったのである。そのため、神聖にして侵すべきでない「健康」を脅かしかねない物や行為は、悪・罪とされる。タバコが典型的な例である。現在「古き良き昭和」の象徴として語られることが多い昭和三〇年代であれば、たいていの公共の場所で喫煙は許されていた。それは、小津映画などを見ると一目瞭然である。平成のごく初期に至るまで、駅の柱や交差点などにタバコの吸い殻入れが多く設置されてもいた。ところが今や、「禁煙外来」などというものも存在する。タバコを吸い続けることは、医学の力を借りて「治す」べき罪悪となったのである。「禁煙外来」では、前回の治療の初回診療日から一年経過していること、ニコチン依存症を診断するテストで一定以上の点数であることなどの条件を満たすと、費用のうちの七割が、職場や住所地の健康保険から支払われさえする。かように、タバコと「健康」の関係は非常に険悪である。一酒飲みとしては、酒に矛先が向かわないことを祈るばかりである。

2.3 ヘルシズム社会における酒

「健康」に良さそうな情報の洪水とそれを嬉々として消費すること、「健康」に害を及ぼしそうなものを見つけてそれを徹底的に排除しようとすること。私たちがこれらに熱中する状況は、「ヘルシズム」と言わざるをえない。「ヘルシズム」とは、健康を意味する英語のヘルス(health)に、「主義・教条」を意味するismをつけた語で、「健康を至上なものとする理念と実践がより強化されたもの」(池田・佐藤 一九九五：二六五）のことである。日本に限らず、先進国においてしばしば見られる現象である。健康への影響を考慮して食事を選ぶことや運動を行うことが典型例である。日本では、一九七〇年代後半から顕著になった。その背景は、慢性の病気の増加や公害・環境問題の発生など、複合的である。この状況は、書名に「成人病」を含む書籍の出版が毎年一〇〇点を超えるようになったことや、成人病・生活習慣病予防キャンペーンの流行などからも見て取れる。

さて、「あいつは酒もタバコもやらない」というやや年季の入った人物評の決まり文句にみられるように、酒とタバコは代表的な嗜好品として並べて語られることが多い。先ほど確認したように、現在ではタバコは、「吸うか（悪か）吸わないか（善か）」にきれいに二分されがちである。一方で酒については、『養生訓』に見られるように、江戸時代以来の「ほどほど主義」が現在も主流である。つまり、今もなんとか市民権を維持している酒と「国民の義務」ともなった健康の間には両者が平和に出会う緩衝地帯が残されており、様々な種類の酒や飲み方が競演する余地が生まれる。ホッピーはそこに咲く花である。

3 ヘルシズム社会における酒選び：「善玉」と「悪玉」の攻防

ヘルシズム全盛の現在、数ある酒を選ぶ際にも、健康のことを全く意識しないことは少ないだろう。なにより、我らがホッピーの現在のブームの一因がヘルシズムである。そこで、酒と健康の緩衝地帯においても非常にしばしば見られる、「健康のために**を摂ろう」・「健康のために**を避けよう」といった語り方を手がかりにして、酒における摂るべき「善玉」と避けるべき「悪玉」がどのようなものでどのような理由で挙げられているのかを探る。結果として、ホッピーの特徴の一端が浮かび上がるであろう。

3.1 「善玉」としてのポリフェノール

まず、飲酒における「善玉」としてもっと大きな影響を与えたポリフェノールである。赤ワインに多く含まれるというポリフェノールが、動脈硬化やがんの予防に有効だという説が初めて公にされたのは、一九九一年である。その後一九九四年には日本においても同様の研究結果が出され、一九九八年には、その数年前の三倍以上の消費量に達し、空前のワインブームがおとずれた。その後はピーク時の九割ほどの消費量で安定的に推移している（表2）。

「好きなアルコール飲料」を特集した二〇一二年の朝日新聞の記事においては（「好きなアルコール飲料 飲みやすさが人気の要因に」朝日新聞二〇一二年四月一四日付二ページ）、ワインについて、「多彩な味わい、おしゃれで知的なイメージに加えて、最近は健康志向もある。」とまとめた後に、ポリフェノールの効果を期待する読者の声が紹介されている。

赤ワインには抗酸化作用のあるポリフェノールが含まれている。楽しく飲めて健康にいい。一石二鳥だ（千葉、七二歳男性）。

飲むなら美容にもいいものを（岡山、二四歳女性）。

この記事においてはビールや日本酒を好む人の意見も紹介されている。そこでは味や口当たりがよく挙げられており、まるでサプリメントを選ぶかのようにワインを選ぶ様子は際立っている。

3.2 「悪玉」としてのプリン体

「悪玉」の筆頭に挙げられるのは、プリン体であろう。プリン体とはDNAの一部に含まれている物質であり、体内での必要量を超えて存在しているプリン体は尿酸に変わり、関節などで結晶化することで痛みを引き起こす（痛風になる）という（夏目 二〇一〇）。直接、痛みを伴う病気を招くという指摘は、多くのビール好きを震え上がらせた。

プリン体を含んでいないことが盛んにアピールされる傾向にあるのは、プリン体を多く含むとされるビールから派生した飲み物である発泡酒や第三のビールである。痛風予防ゆえにビールは避けたし、しかしビールの味わいへの誘惑は絶ちがたし、という人を狙ったものであろう。

もっとも早い時期の商品は、二〇〇三年にキリンが発売した「淡麗アルファ」である。その後も続々と、プリン体カットあるいはゼロを謳う製品が登場している（表2）。というよりも、それを謳わない製品の方が少ない。さらには、ノンアルコールビールにも、アサヒのドライゼロフリーのように、プリン体を含んでいないことをアピールしているものもある。それほどまでに、プリン体は避けるべきものとされているのである。とはいえ、国民生活基礎調査によれば、痛風で通院している人の数は、一九九八年から二〇一三年にかけて約一・五倍に増えており、プリン体カット製品の効果のほどは未知数である。

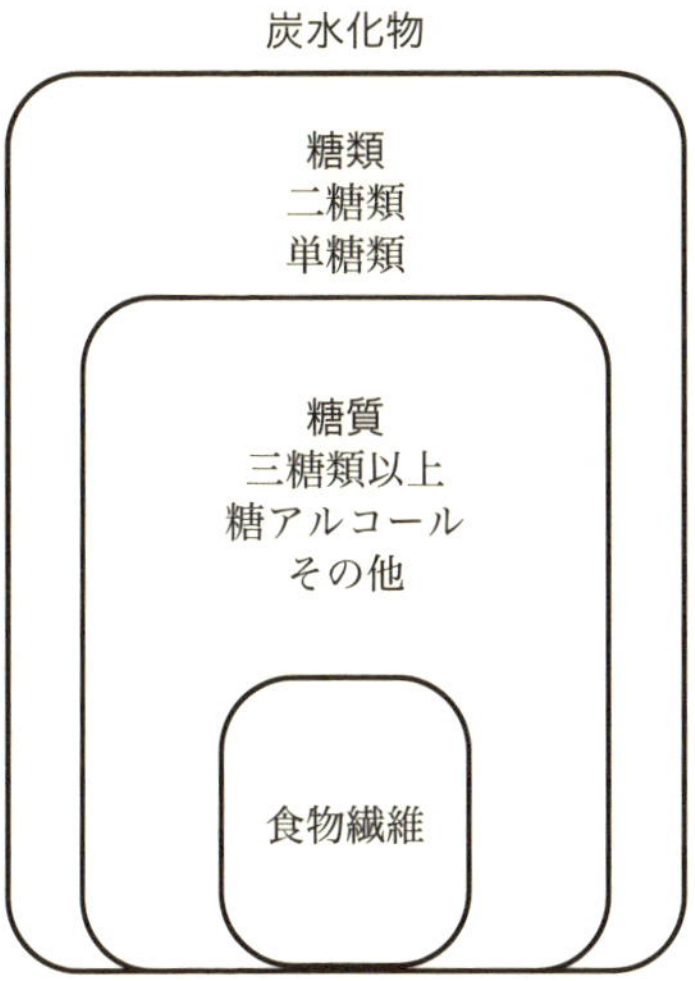

図3　「糖質」・「糖類」等の相互関係

3.3　「悪玉」としての糖質・糖類

さらに、「糖質・糖類」がある。糖質とは、炭水化物のうち食物繊維以外のことである。糖類とは、糖質のうち二糖類・単糖類のことである。両者の関係は階層関係である（図3）。

これらの場合、「無、ゼロ、ノン」などの、「含んでいない」旨を表示できるのは、一〇〇㎖当たりの含有量が〇・五g未満の場合である。「低、ひかえめ、少、ライト、ダイエット」などの、「少

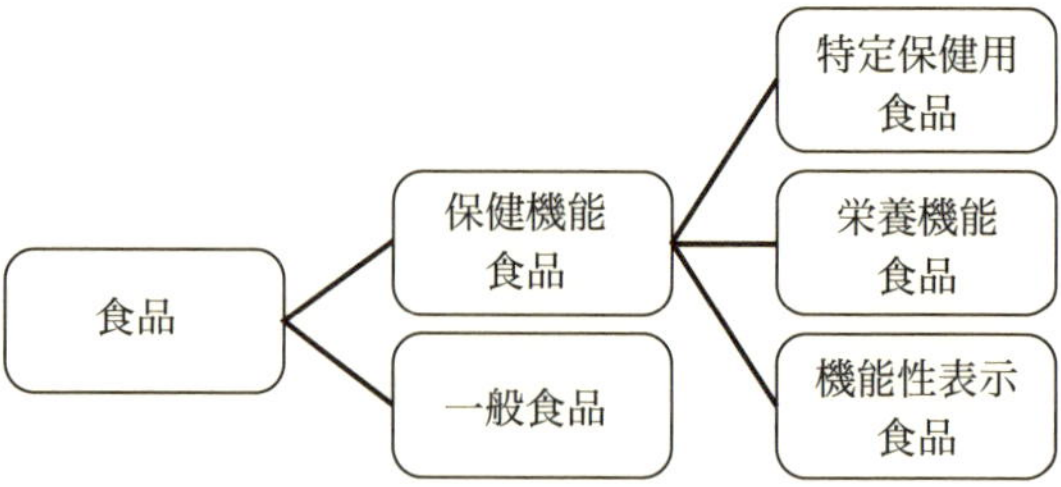

図4　食品の機能に関する表示制度

しか含んでいない」旨を表示できるのは、一〇〇㎖当たりの含有量が二・五g未満の場合である。これらは国が定める栄養表示基準である。糖の少なさは、発泡酒や第三のビールに加えて、チューハイにも表示されていることが多い。

「糖」は「生活習慣病」の代表とされる二型糖尿病を直接に連想させるからか、含んでいないことのアピールが盛んになされる。「生活習慣病」という名前は、一九九六年に厚生省（当時）が使い始めたものである。二〇〇〇年代前半には、食品中の糖類の量に着目した「低インシュリンダイエット」が流行したこともあり、甘味をもつかどうかにかかわらず悪玉としての糖という見方は定着したといってよい。初の糖質ゼロビール類は、二〇〇七年のアサヒビールによる「スタイルフリー」である。その後、大手四社の全てが糖質ゼロビールを発売するに至った。

同時期に、食品の機能に関する表示制度も着々と整えられていき、食品を栄養素や成分に還元して考えるヘルシズム的態度を後押しすることとなった（図4・表2）。

3.4 「悪玉」としてのカロリー

「悪玉」の中では、もっとも早くからやり玉に挙げられてきたものに、「カロリー」がある。カロリーとは、摂取した食べ物を消費するのに必要な熱量のことである。カロリー過多は成人病＝生活習慣病を招くとされるため、避けられるようになった。カロリーは、加工食品・添加物において表示することが義務づけられている五つの項目の中で最初に表示すべきであるとされていることからも、注目度の高さがうかがえる。[2]

ごく初期の例では、一九七九年に、「「おなかが出ない」を売りものにする低カロリービール」が話題になっている（「太りません　酔いません　この春　ビール商戦　焦点は「低カロリー」」朝日新聞一九七九年三月一六日付八ページ）。今では、チューハイとノンアルコールビールに、カロリーゼロや低カロリーという語が表示されていることが多い。

3.5 「悪玉」としてのアルコール

酒に含まれる「悪玉」のうちでもはや理屈を超えているのは、「アルコール」である。大学の飲み会における「一気飲み」による死亡事故が相次ぎ問題になったこと、酒を強く人に勧める行為が「アルハラ」として問題化されたこと、二〇〇三年と二〇〇七年の道路交通法改正によって相次いで飲酒運転の罰則が厳しくなったこと。こうした状況を受けて、二〇〇九年に、アルコールを全く含まないビール風飲料（以下、ノンアルコールビール）が発売され、各社が追随して市場が広まった。

実は一九八〇年代にも、「白花ノンアルコール清酒taste」やアルコール含有量が一％未満のビール風飲料「ペンギンズバー」や「バービカン」が発売されたが、一定の市場規模・ジャンルを形成するには至らなかった。当時は、ノンアルコールビールが受け入れられる土壌はまだなかったのである。酒が弱い、あるいは全く飲めない人がどのように「酒縁社会」を生き抜くかについて笑いを交えて書かれた『飲めない族』（よしだ 一九八七）という本があった。[3] そこで紹介されるテクニックは、事前に店に連絡をして、自分の徳利の中身のみを水に変えてもらうなどである。このように、アルコールが含まれているものを飲むポーズをとる必要があった、アルコールが入っていないことを宣言する飲み物を頼む空気ではなかったのである。

それから二〇年、時代の空気は変わり、飲めない状況の人や体質的に飲めない人は、「代用品」としてノンアルコールビールを頼むことができるようになった。いわゆる「若者のアルコール離れ」も追い風となっている（「飲み会嫌い 低アルコール君」『AERA』二〇〇二年一月二一日、三二－五）。

さらに、ノンアルコールビールにいたっては、「代用品」としての地位から離陸しつつある。ビール評論家の田村功は、ノンアルコールビールについての雑誌上での座談会において、欧米ではノンアルコールビールがスポーツ後の水分補給に使われているとの情報を紹介した後、以下のように語っている。

ビールの代用品として「どれぐらいビールに似ているか」という観点ばかりでなく、スポーツ後の飲み物としておいしいかどうかも、これから注目するといいと思いますよ（「ビール愛好家座談会・巷で噂です！　ノンアルコールビールのおいしさ大検証」『婦人公論』九五巻一号、一六八-一七一、二〇一〇年）。

確かに、店頭のノンアルコールビールの缶を見ると、ビールとの近さだけでなく、独自の味わいやのどごしを強調するものも増えてきている。ノンアルコールビールは、「代用品」から「独自ジャンル」へと飛躍しつつあるのである。

このように、ヘルシズム社会においては、数々の「悪玉」がやり玉に挙げられている。しかし、「悪玉」が特定されるということは、「「悪玉」を含んでいなければ飲んでもよい」という、「ヘルシズムの物語」に基づいた酒飲みの理屈や売り手の戦略を生むことにもつながった。そのため、そこには酒と健康の緩衝地帯が生まれ、多くの商品が現れることとなった。

4　ホッピーをめぐるいくつもの「物語」

数多くの酒のうちから特定のある酒に手を伸ばす時、「物語」に突き動かされることがある。それは、

「本格」焼酎や「格付け」をもつワインに手を伸ばす時に顕著である（「焼酎復権　受ける本格派の個性　イメージかえ急成長」朝日新聞一九七七年四月一八日付二二ページ）。そこには、「歴史」や「権威」を体内に取り込み、自らをそれと同一視しようとする「物語」が働いている。こうした「物語」の消費は、第三のビールやチューハイには想定しがたい。

前節では、「ヘルシズムの物語」に基づく酒の誕生と消費の様相を確認した。本節では、ホッピーをめぐるいくつもの「物語」をたどってゆく。ホッピーの語られ方は、非常に多用なのである。ホッピーは、現代において避けるべき物質をごくわずかしか、あるいはまったく含まない健康酒の優等生である。加工によってそれを達成したのではなく、元からそうであったという点でも優等生と言えるかもしれない。実際に、ホッピービバレッジも、これらをアピールしている。ホッピーは、「ヘルシズムの物語」に非常にフィットするのである。

では、ホッピー愛好者たちは、健康になろうとして、「ヘルシズムの物語」に突き動かされて、ホッピーを飲んでいるのだろうか。実は、必ずしもそうではない。もっと豊かである。それを具体的に確認しよう。

4.1　「ヘルシズムの物語」

酒をめぐっては、前節でみたよう「善玉」と「悪玉」が想定されている。「悪玉」は、どれも健康を害する「悪」の物質として挙げられているものである。その摂取を少しでも減らそうとする「安心のための健康法」(高木 二〇〇〇:一九五)が求められるヘルシズム時代だからこそ、これらの飲料が乱れ咲くのである。

さて、ホッピーは、「プリン体ゼロ」・「低カロリー」・「低糖質」をうたっており、「悪玉」物質を含まない健康酒の優等生である。このことについて、二〇一〇年にホッピービバレッジの三代目社長に就任した石渡美奈は、新聞のインタビューで以下のように語っている。

お客様から痛風の原因といわれるプリン体についてお問い合わせがあって、98年に日本食品分析センターで調べてもらったら、検出せずという結果が出ました。「これからはこれだ」と言って、健康志向にシフトしようとしたのは父です。59年前、偶然プリン体がない飲み物を作れた祖父の運の強さ、父の先見の明はすごい(「フロントランナー　ホッピービバレッジ　石渡美奈副社長」朝日新聞二〇〇七年八月一八日付東京本社版二ページ)。

ここでは二つのことが重要である。一つは、ホッピーにプリン体が含まれていないのは、「偶然」なのだということである。発泡酒や第三のビールやチューハイの場合、技術上の工夫を重ねてプリン体を無理に削っている。これに対して、ホッピーはそうした作戦に頼るまでもなくプリン体を含んでいないのだという。作られたプリン体ゼロに対して、天然のプリン体ゼロとでも言うべきだろう。もう一つは、一九九八年には、自分が飲む酒の成分にプリン体が含まれているかどうかをメーカーに問い合わせる消費者がおり、それに応えて外部の業者に検査を依頼するメーカーがあったということである。健康に良いかどうかを指標にして酒を選ぶ時代の幕開けであった。ヘルシズムが、酒の領域にも到達したことがうかがえる。

しかし、ホッピーをめぐる「物語」は、これにとどまらない。

4.2 「回顧の物語」

まず、過去、特に若い頃を懐かしむきっかけとしてのホッピーという、「回顧の物語」がある。東京の町歩き雑誌の『東京人』では、二〇一五年一一月の増刊号にて、「ホッピーでハッピー物語」という特集が組まれた。「名店主が教える、うまい飲み方」「もっと知りたい、ホッピーのこと」といった店の情報やホッピーの歴史に関する記事に加えて、何人かのホッピー愛好者の語りが収録されている。例えばビートたけしは、以下のように語る。

かつて修業時代、舞台の憂さ晴らしの飲み物だったホッピーが、ここへ来てまた、時代のメインになっているのは面白いね。個人的には「浅草のあの店に行かなきゃ飲めない」っていうほうが、胸が躍るなあ。どこでもくまなく飲めちゃ、つまんないよ（一九ページ）。

押しもされぬ文化人となったたけしにとってホッピーは、思い通りにならぬことの多い若手時代を支えてくれた戦友なのである。ホッピービバレッジの石渡美奈の本にも、THE ALFEEの高見沢俊彦の同様の言葉が記されている。

まだ無名でお金がなかったころ、ホッピーには本当にお世話になったんだよ。ホッピーを飲みながらいつかビッグになろう、成功してやろうと毎晩仲間と夢を語っていた。ホッピーは苦しい時代の〝つらい思い出〟ではなくて、〝苦しい時代を支えてくれた〟といういい思い出につながるんだ。だから僕にとって、大事なんだよ（石渡 二〇一〇：一八六）。

たけしも高見沢も、ホッピーを若い下積み時代の伴走者として語る。ホッピーはそんな等身大の存在であり、当時の苦労や野望を思い起こさせてくれるものなのである。これが、「回顧」の「物語」の典型である。この毛色の「物語」は、中央線と京王線沿線の各駅の居酒屋でホッピーを飲むという愉快な企画を記録した本においても何度か出てくる（大竹 二〇〇九：四三、六二）。ホッピーは「回顧の物語」を呼び寄せるのである。

は次のように語る。

ホッピーが呼び寄せる「物語」は、他にもある。「手作業の物語」である。映画監督の羽住英一郎

4.3 「手作業の物語」

「中」と「外」を同時におかわりしようとしてもなかなかできないところがホッピーの楽しいところ。単純作業の連鎖が永遠に終わらない感じが、〝たき火〟の感覚に似ていて僕は好きなんです（二〇ページ）。

「中」と「外」の絶妙なバランスを自らの手で保ちつつ飲み進めてゆく様子を、たき火にたとえている。次の語り手の大鶴義丹は、この「手作業」を以下のように語る。

割材はそのままに、アルコール分だけおかわりができるという、自分がハンドルを握ってる感じがいい（笑）。

ホッピーは「とりあえず」の顔のまま、楽しく酔っぱらえるんです。しかも瓶ビールみたいに「お酌」っていう概念がないから、自分のペースで楽しめる（二二ページ）。

確かに、「中」と「外」の割り方の自由度の高さは、ホッピーの独自性であろう。一本の「外」で「中」を何杯飲んでもよい。生搾りサワーでは、こうはいくまい。これも、「手作業」で自分が制御できる領域が広いからである。さらに、「手作業」でありつつ通常はお酌をし合うことがないため、自分のペースを守りやすい。この個人主義的な一面を大鶴は「昭和生まれの飲み物なのに、スタイルは実に今っぽい」と表現している。ここにも、自分が制御できる領域があるのだ。[4] 筆者も、帰宅に都合のよい急行電車の時間をにらみながら「ナカ」を新たに頼むかどうかを迷うという、ホッピーならではの苦しい楽しみを幾度となく味わっている。

4.4 ホッピーの「物語」の豊かさ：ヘルシズム＋α

他の酒ではなく特定のある酒に手を伸ばす時、「物語」に突き動かされることがある。最後に、ホッピーをめぐる「物語」を振り返ってみよう。まず、科学的計測によって「悪玉」物質を含まないことが証明されたため体によいのだという、「ヘルシズムの物語」があった。これは、主にホッピービバレッジ側によって描かれることが多い。いわば、意図的に「出荷される物語」である。これに対して、若い日々を懐かしむ「回顧」の物語や、飲み方の自由度の高さを述べる「手作業」の物語は、愛飲者の体験から自然に生まれた「生きられた物語」であった。こちらについては、科学的説明が伴うことは皆無といってよい。このようにホッピーは、性格の異なるいくつもの「物語」をもっている。

ホッピーは、健康と酒がせめぎ合う緩衝地帯に根をはっているという点では、糖質ゼロの発泡酒と同じである。人びとに健康であれと命じ、普遍性を前提にした科学的根拠なるものを山のように積み上げる「ヘルシズムの物語」とも、非常に相性がよい。しかし、「物語」の豊かさが異なる。ホッピーは、科学的説明に基づく「ヘルシズムの物語」のみに支えられているのではない。愛飲者個々人の多様な経験が反映される「物語」にも、いや、そうした「物語」にこそ、支えられているのである。こうした「物語」の豊かさゆえに、ホッピーは「ヘルシズムの物語」のみを柱にする必要はない。そのため、「悪」の物質として取り上げられるものが変化しても、さほど脅威ではないのである。糖質ゼロの発泡酒が、「ヘルシズムの物語」しか頼るべき柱をもたないがゆえに「ヘルシズムの物語」に「服従」するしかないのとは対照的である。それらは、国が定める糖質の基準が変われば一挙に「善」なる酒から「悪」なる酒に転落するひ弱さをもっている。また、糖質が「善」なるものになったなら、一瞬で商品価値が吹き飛ぶのである。つまりそれらは、「ヘルシズムの物語」に「服従」せざるをえない。ホッピーは、「ヘルシズムの物語」以外にも柱になる「物語」があるがゆえに、「ヘルシズムの物語」に「服従」する必要がない。このように豊かな「物語」に支えられていることが、ヘルシズム時代におけるホッピーの独自性であり、しぶとく生き延びている力の源なのである。

ホッピーは、「ヘルシズムの物語」以外にも、若い頃を懐かしむ「回顧の物語」や、飲み方を自分で調整できることを喜ぶ「手作業の物語」など、多くの豊かな「物語」に支えられた飲み物であった。そのため、健康をめぐる状況が変化しても大きな影響を受けない力強さがあり、そのことが、「ヘルシズムの物語」しか柱をもたない飲み物との大きな差なのである。

表2　戦後の酒をめぐる出来事

年	内容
1948 年	ホッピー販売開始。
1957 年	成人病予防対策協議連絡会（厚生大臣の諮問機関）第 1 回会合開かれる。
1974 年	『紅茶キノコ健康法』出版。
1978 年	厚生省、第 1 次国民健康づくり対策を開始。
1979 年	厚生省、財団法人日本健康食品研究協会発足の設立を認可（1992 年より、日本健康・栄養食品協会）。
1984 年	サントリー、低カロリーかつ低アルコールのビール「ペンギンズバー」発売。
1980 年代半ば	焼酎ブーム。
1991 年	「特定保健用食品」表示制度創設。「おなかの調子を整える食品」・「血糖値が気になり始めた方の食品」などが可能になる。
1991-1993 年	赤ワイン中のポリフェノールが動脈硬化やがんを防ぐのに効果的との説が相次いで公にされ、ワインブーム起こる。
1994 年	ビールの「最低生産量」大幅引き下げ（2000kl/ 年から 60kl/ 年）。 「発泡酒」登場（サントリー「ホップス」）。 国立健康・栄養研究所、赤ワインが動脈硬化の予防に効果的との説を発表。
1996 年	厚生省、「生活習慣病」概念を創案。 「発泡酒」の税率上昇。 タマネギエキス入りや酸化防止剤無添加のワインが登場。
1998 年	ホッピーにプリン体が含まれていないことが検査で明らかになる。 ポリフェノール入りの菓子が発売される。
2000 年	厚生労働省、「健康日本 21（第 1 次）」策定。
2001 年	厚生労働省、「栄養機能食品」制度創設。 サントリー、カロリーを控えた「ダイエット生」発売。
2002 年	健康増進法成立。 道路交通法改正。飲酒運転への罰則強化。
2003 年	キリン、プリン体を従来品より 9 割削減した「淡麗アルファ」発売。 サントリー、「ダイエット生」の缶にプリン体含有量を表示。 発泡酒の税率上昇。 「第三のビール」登場（サッポロ「ドラフトワン」）。 被用者保険の窓口負担率が 2 割から 3 割に上昇。 栄養表示基準が定められる。
2004 年	本格焼酎ブーム。女性の目を意識したボトル・色合いのものも。 ホッピービバレッジ、家庭向け「ホッピー 330」のデザイン変更。「プリン体 0」を強調。
2006 年	「第三のビール」の税率上昇。 流行語大賞トップテンに、「メタボリックシンドローム（メタボ）」が選出。
2007 年	アサヒビール、初の糖質 0 の発泡酒「スタイルフリー」発売。
2008 年	健康診断に、「腹囲」という検査項目が追加される。
2009 年	初の「アルコール含有率 0%」のビール風飲料キリン「キリンフリー」登場。
2013 年	アルコール健康障害対策基本法成立。
2014 年	消費者庁、「機能性表示食品」の届出等に関するガイドラインを公表。 サッポロ、プリン体・糖質 0 の「極 ZERO」発売。
2015 年	サッポロ「サッポロプラス」・花王「ヘルシアモルトスタイル」、ノンアルコールビール初の「特定保健用食品」表示の許可を得る。 食品表示法に基づき、加工食品・添加物について、栄養成分表示が義務化される。

注

1 イスラム教徒が豚肉を避けることは有名であるが、他にも「信仰上ふさわしい方法で処理された肉や料理方法」を表す「ハラール」について、『コーラン』において詳細に規定されている（日本ハラール協会）。

2 業者が購入・使用するものや生鮮食品を除いては、エネルギー・タンパク質・糖質・炭水化物・ナトリウムの量を、この順番で表示することが義務づけられている。

3 この本の帯には、「酒が飲めずに悩んでいる諸君、絶望するな！」・「酒が飲めなくたって恥じることはない！」と記されている。いかに当時、酒が飲めて当たり前という雰囲気であり、飲めない人が肩身の狭い思いをしていたかが分かる。

4 それでいて、ホッピーを出す「ホッピー居酒屋」の空気は、他人に無関心ではない。日本の居酒屋文化について論じたモラスキー（二〇一四：五三）は、立ち呑み屋の特徴について、物理的な距離の狭さや一人が占有できる場所ともの が限られていることを挙げている。ホッピーを置いている店はその基準に合致することが多い。筆者は多摩地区のある立ち呑みもつ鍋屋で、ある客の注文をホッピーと誤解した店員が氷と「中」を入れたジョッキと開栓したホッピーを持って困っていたのでそのホッピーを注文したところ、「お礼」としてレモンを載せてもらったことがある。筆者が助け船を出したことも、店員がそれに「お礼」をしたことも、どちらも店員と客の距離の近さを象徴的に表していると思われるが、こうしたことはチェーン居酒屋ではまず起こりえないであろう。

参考文献

秋場良宣、二〇〇六、『サントリー知られざる研究開発力』ダイヤモンド社．

池田光穂・佐藤純一、一九九五、「健康ブーム」黒田浩一郎編『現代医療の社会学』世界思想社．

石渡美奈、二〇一〇、『ホッピーでHAPPY!』文芸春秋．

柄本三代子、二〇〇三、「現代社会と健康の科学」野村一夫ほか著『健康ブームを読み解く』青弓社．

貝原益軒、一九六一、『養生訓・和俗童子訓』岩波書店．

金丸裕子、二〇一五、「ホッピー三代記　百十年の物語。」『東京人』二〇一五年一一月増刊、八四-九一．

自由国民社編、二〇一〇、『現代用語の基礎知識』自由国民社．

モラスキー、マイク、二〇一四、『日本の居酒屋文化』光文社．

夏目幸明、二〇一〇、『第三のビールはなぜビールの味がするのか？』技術評論社.
大河喜彦、二〇〇七、「『養生訓』における飲酒、飲茶及び烟草について」『たばこ史研究』一〇〇号、四三九一‐七.
大竹聡、二〇〇六、『中央線で行く東京横断ホッピーマラソン』酒とつまみ社.
高木学、二〇〇〇、「健康法」鵜飼正樹・藤本憲一・永井良和編『戦後日本の大衆文化』昭和堂.
瀧澤利行、一九九八、『健康文化論』大修館書店.
よしだけん、一九八七、『飲めない族』日本テレビ放送網.

「焼酎ブーム、頭打ちに　出荷数量の伸び急降下」『朝日新聞』一九八五年一一月一九日付朝刊八ページ.
「タマネギ・シソエキス、無添加…　ワインも健康志向」『朝日新聞』一九九四年一〇月二六日付夕刊一五ページ.
「赤ワイン、ブームに乗ってパスタにも　健康志向に訴え商品続々」『朝日新聞』一九九八年四月四日付朝刊一一ページ.
「はまる人たち　「自分だけの快感」求めて（ワイン狂騒列島：上）」『朝日新聞』一九九八年一一月二八日付朝刊二五ページ.
「焼酎リキュール、色にも酔う　健康志向も味方、女性に人気」『朝日新聞』二〇〇四年七月一六日付朝刊一三ページ.

キリンホールディングス　キリングループの歴史　http://www.kirinholdings.co.jp/company/history/museum/cultural/03.html（二〇一六年五月二六日閲覧）
サントリー　赤玉スイートワイン　http://www.suntory.co.jp/wine/original/akadama/since.html（二〇一六年五月二六日閲覧）
自由国民社　新語・流行語大賞　http://singo.jiyu.co.jp/（二〇一六年六月二三日閲覧）
消費者庁　食品表示　http://www.caa.go.jp/foods/index24.html（二〇一六年六月二三日閲覧）
消費者庁　食品表示企画　http://www.caa.go.jp/foods/index.html（二〇一六年六月二三日閲覧）
消費者庁食品表示課　栄養成分表示をめぐる事情　http://www.caa.go.jp/foods/pdf/syokuhin467.pdf（二〇一六年六月二三日閲覧）
日本ハラール協会　ハラールとは　http://www.jhalal.com/halal（二〇一六年五月三一日閲覧）

（濱　雄亮）

Ⅳ　東京下町の男たちの〈酒〉から若者や女性も楽しめる〈酒〉へ

──メディアが創出するホッピー・イメージの変遷──

初めて「ホッピー」なる言葉を耳にし、実際にそれを飲む人びとの姿を目にしたとき、「何だか面白い飲み物だな」と思ったのではないだろうか。ビール、ワイン、日本酒、焼酎、チューハイなど、戦後日本においては多種多様な酒が人気を博してきた。ただし、そうした他の一般的な酒とホッピーとでは、人びとが抱くイメージがどこか異なっているように考えられる。本章では、メディアでのホッピーの取り上げられ方を歴史的に眺めていくことにより、さまざまなイメージを付与されつつその愛飲者の裾野を広げてきた、ホッピーという飲み物のユニークで興味深い性格を明らかにしてみたい。

1　なぜホッピーは「面白い」のか？

ホッピーは、なぜだか面白い飲み物である。ホッピー自体はアルコール飲料ではないものの、日本酒、焼酎、ビール、ウィスキー、ワインなどの酒に関わる飲料類にはない特異な性格を持っている。

単なる清涼飲料水でもなく、かといって酒でもない、人びとの関心をひく独自の魅力を有している。もちろん、そもそもホッピーは東京を中心にして長らく愛されてきた飲料であり、またプリン体含有量ゼロという健康面での強みもある。とはいえ、人びとはそうした理由だけで、ホッピーを享受してきたのだろうか。筆者の見立てでは、ホッピーには従来のアルコール関連飲料にはなかったサブカルチャーに通じる独特な「面白さ」（B級的性格ゆえの魅力）があり、しかもそうした性質に広く人びとが関心を抱くということは、それほど昔からあったものではないと考えている。

だからこそ、本書のような出版企画が持ち上がり、筆者たちは大真面目にホッピーについて研究してきたのだろう。なぜ地酒ブームやチューハイ・ブームなどではなく、他ならぬホッピー・ブームだったのか。そこには、筆者たちを含めた多くの人びとを「面白がらせる」何かがあるに違いない。

ここで雑誌報道を参考にしてホッピー・ブームの推移を紹介しておきたい。『Yomiuri Weekly』によれば、ホッピーには三回にわたるブームがあったという。第一次ホッピー・ブームは昭和二〇年代後半の時期であり、首都圏の中年男性が主要な支持層であった。第二次ホッピー・ブームは一九七五年頃〜一九八〇年代初頭に起こり、演劇関係者を皮切りに若者がその主な支持層であったという。そして第三次ホッピー・ブームが二〇〇〇年代以降に発生しているとしている（『Yomiuri Weekly』二〇〇一年九月九日号）。

おそらくホッピーのことを知る多くの人びとが抱く、ホッピーについての基本的なイメージは、

「東京下町の中年男性の〈酒〉」（正確にいえばホッピーは酒類ではないが、ここでは酒関連飲料という意味を込めて〈酒〉と表記する）という第一次ホッピー・ブームのものではないだろうか。そして、多くの人びとは、一九九〇年代以降に起こる昭和レトロないしノスタルジーのブーム（第Ⅱ章）や健康志向の高まり（第Ⅲ章）のなかで、ホッピーが再発見されてきたのだと考えているのだろう。もちろん、そうした見方は誤りではない。しかしながら、本章で着目したいのは、第二次ホッピー・ブームと二〇〇〇年代以降のホッピー・ブーム（第三次ホッピーブーム）との連続性である。

近年のホッピー・ブームは、昭和レトロないしは昭和ノスタルジーのブーム、健康志向ブーム、代用ビールから「ほんもの」の飲料への脱皮（第Ⅰ章）、といった点のみならず、製造元であるホッピービバレッジ株式会社の企業戦略、サブカルチャーとホッピーの結びつき、といった諸要因が複合的に絡み合うなかで展開してきたと見なすことが妥当であろうと筆者は考えている。

よく知られているように、文化人類学者のA・アパデュライは、グローバリゼーションが進展する状況下での「文化」を把握するために、エスノスケープ（民族）、テクノスケープ（技術）、ファイナンスケープ（資本）、メディアスケープ（メディア）、イデオスケープ（イデオロギー、観念）の五つの「スケープ（地景）」という理論的な視座を提起した。そして、私たちの生きる社会を「想像された世界（imagined world）として考察しようと試みて、メディア、技術、資本等を通じて構築されるものとしてのローカリティ（地域性や場所性）について論じている（アパデュライ一九九六＝二〇〇四）。[2]

アパデュライの議論はなかなか難解ではあるが、本章ではとくに新聞、雑誌、テレビ、そしてインターネットなどのマスメディアが人びとに提供する「世界」についてのイメージや物語の総体としての「メディアスケープ」に注目し、いかにしてマスメディアが人びとの生きる「ローカルな世界」の創出に関わっているのかを検討する。もちろん、本書はグローバリゼーションといったものに注目するものではない。だが、東京下町という特定の地域性が色濃く刻印されてきたホッピーのイメージの変容に関しては、こうした視座から検討することも有益だろう。

以下、本章では、一九九〇年代末から二〇〇〇年代初めにかけて起こった、サブカルチャーと企業戦略が融合したホッピー・イメージの構築（想像／創造）ともいうべきプロセスを解き明かしてみたい。その論拠となる資料としては、『朝日新聞』、『読売新聞』、『毎日新聞』、『日本経済新聞』などの一九八〇年半ばから現在までの新聞報道、一般の雑誌報道、ウェブサイト、ホッピー関連書籍を取り上げて論を進めていく。

2 〈従来的ホッピー・イメージ〉の変容

ホッピーは一般的に、もともとは東京下町の中年男性の飲み物だったというイメージを抱かれている。それゆえ、ホッピーの一般的イメージは、都市（東京下町）の男性労働者のホモソーシャルな酒場空間と結びついており、それゆえに地理空間、社会階層、ジェンダー等による排他性が含まれていた。

なぎら健壱（シンガーソングライター、タレント）は、こうしたイメージを明快に語っている。

〔一九七三年頃に肉体作業のバイト仲間に誘われて、初めてホッピーを飲んだとき、〕なんて肉体労働に似合う飲み物なんだ、これはまさに男の飲み物なんだなと思った。

やっぱり、ホッピーは男の店という雰囲気の、寂れた縄のれんの店に置いてほしいな。氷が入っているのは邪道、薄くなっちゃうでしょう。ちゃんとした飲み方を知らないやつには広まってほしくないよね。僕にとっては男の飲み物、女性が入ってこれない領域であってほしいね（ホッピーでハッピー党編二〇〇〇：一〇）。

また、大竹聡（雑誌『酒とつまみ』編集長）も次のように書いている。

「ホッピーというと、昔は金がないから飲んだもんだよな」

……手っ取り早く酔えてしかも安い。だからホッピーをよく飲んだなと。いいお話ですね。……店もシブけりゃお客さんもシブイ。実直な男が地道に働き、疲れを癒しに来た酒場のカウンターでひとりホッピーを飲む。シブイ（大竹聡二〇〇九［二〇〇六］：四三）。

しかしながら、二〇〇〇年代以降のホッピー・ブームにおいて特徴的なのは、「東京下町の男性労働者のための廉価な〈酒〉」というイメージが変化してきた点にある。ここで再び、なぎら健壱の言を紹介しておこう。

ホッピーが市民権を得て久しい。かつてホッピービアは、肉体を酷使して一日を終えた労働者の、自分から自分に贈るご褒美であった。そこに女子供が入る余地はなかった。ホッピーが置いてある居酒屋で女性の姿を見ることはまず稀だったし、親のスネをかじっているような若造が、恐れ多くも「ホッピー」と声を発することなど出来ようはずがなかった（なぎら健壱二〇〇九：二九三―二九四）。

ここでは、こうした従来からあった「東京下町の中高年男性労働者のための廉価な〈酒〉」というきわめてローカルで、ジェンダー的、社会階層的にも愛飲者が限定されたホッピー・イメージを、〈従来的ホッピー・イメージ〉とひとまず呼んでおこう。他方、二〇〇〇年代以降に巷間に広まる、「懐かしい」、「健康に良い」、「美味しい」、「男女問わず飲める」、そして「面白い飲み物」といった諸々のイメージがさらに付与されたものを、対比的に〈現在的ホッピー・イメージ〉と名づけたい。次に挙げる新聞報道は、昨今のホッピー愛飲者には共有されつつある〈現在的ホッピー・イメージ〉を端的によく表している。

「もつ鍋・ホルモン焼き・ホッピー…、昭和の味に酔う、居酒屋で若者にも人気。」

居酒屋でもつ鍋やホルモン焼き、ホッピーなど、昭和の時代に主流だったレトロメニューの人気が高まっている。七輪を囲んで酒を酌み交わすような、昭和三〇-四〇年代の雰囲気をおしゃれと感じる人が増加。手ごろな価格で二十代後半から三十代前半の若者にも受け入れられている。……ホッピーが好調だ。二〇〇八年一-十一月のホッピーの販売本数は、昨年と比べて二〇三・五％増と急増している。ビールより低カロリーで、痛風などの原因とされるプリン体を含まず、健康志向の人に注目されている（『日本経済新聞』二〇〇八年二月一七日）。

筆者も含めた現在のホッピー愛飲者たちは、しばしばホッピーのことを知らない人びとに対して、昭和の時代の（第一次ホッピー・ブーム）のありようを懐古的に振り返りつつも、健康面のメリット、価格のリーズナブルさ、そして老若男女を問わず受け入れられる飲料としての多様な魅力を熱く語っているのではなかろうか。

それでは、東京下町、中高年男性、労働者、廉価な〈酒〉といった〈従来的ホッピー・イメージ〉は、どのような時期に、いかなる背景によって、より幅広く支持や関心が得られる〈現在的ホッピー・イメージ〉へと変容していったのであろうか。本章では、一九九〇年代末から二〇〇〇年代初頭の世紀転換期をその画期として注目したい。

3　第三次ホッピー・ブームの前夜――一九九〇年代半ばまでの状況

一九九〇年代末にその淵源を持つと考えられる〈現在的ホッピー・イメージ〉を内包した近年のホッピー・ブーム（第三次ホッピー・ブーム）であるが、その前段階である一九九〇年代半ばまでの状況はどういったものであったのだろうか。ここでは新聞や雑誌の報道をもとにして当時の状況を眺めてみよう。

端的にいって、一九九〇年代半ばまでについていえば、ホッピーそのものに焦点を当てた報道はごくわずかである。多様な酒についての紹介記事（『日本経済新聞』一九八二年三月一七日夕刊）や、地ビールの紹介記事（『日本経済新聞』一九八五年一一月三〇日夕刊、『読売新聞』一九八六年六月六日東京・夕刊、『読売新聞』一九八六年七月一日東京）のなかで、ごくわずかに言及される程度にすぎなかった[3]（ちなみに、この時期までの「ホッピー」といえば、ミュージシャン・音楽プロデューサーの「ホッピー神山4」の記事がほとんどである）。新聞というマスメディアにおいては、一九九〇年代半ばをすぎてようやくホッピーが、読者に関心を持ってもらえる「ネタ」として見い出されていくのである。

また、雑誌報道に関しても、大宅壮一文庫のデータベースによれば、一九九〇年半ばくらいからホッピー関連の記事が検出される（表1を参照、検索条件◆フリーワード：「ホッピー」マイナス「神山」）。

表1を一見してわかるのは、ホッピー関連の雑誌報道は一九九〇年代に端を発して、二〇〇〇年代以降に激増してきたという流れである。こうした数字からも世紀転換期がホッピー・ブームの再興の画期であったことがうかがえるだろう。

さて、一九九〇年代半ばは、ホッピーの製造メーカーにとっても大きな転換期であった。一九九五年夏、ホッピーを製造してきた「コクカ飲料」は、「ホッピービバレッジ」へと社名を変更し、主力商品である「ホッピー」を対外的に前面に出していくのである（『日経流通新聞』一九九五年七月一三日、一九九五年八月一八日など）。また、当時は地ビールのブームが盛り上がっていたことも、その背景として見逃せない。地ビール業界へと打って出たホッピービバレッジは、ホッピーを東京という地域に密着した「ビール」としてブランド化し、広くアピールしていくのである（『日経流通新聞』一九九六年一月四日、同一九九七年三月八日、同一九九七年八月一六日など）。また、女性が重要な担い手であった一九九〇年後半のワイン・ブームに対し、男性側から対抗するものとして健康面も含めたホッピーの魅力をアピールする雑誌報道（『週刊プレイボーイ』一九九八年六月九日号、写真1）などもある。

表1　大宅壮一文庫のデータベースの検出数の推移

期間	検出数
～1989/12/31	0
1990/1/1～1999/12/31	9
2000/1/1～2009/12/31	133
2010/1/1～2015/12/31	130
合計	272

ワイン・ブームに喝!
ホッピーの苦い思い出
男なら ホッピー 健康法!
モノホンの善玉菌の働きで飲めば飲むほど体にいい!?

写真1 『週刊プレイボーイ』1998年6月9日号

ただし、この時期までは、〈従来的ホッピー・イメージ〉は大きく変容してはおらず、社名変更、地ビール業界への参入などは、その後に起こるイメージの大きな変容の前段階であったといえるだろう。その変容は、製造企業の企業努力のみでなされたわけではなく、その時代の文化状況からの影響も受けつつ促されていったのである。それについて次節で詳しく取り上げたい。

4 サブカルチャーとしてホッピーの魅力——一九九〇年代後半〜

二〇〇〇年代以降に再興するホッピー・ブームにおいて特徴的なのは、若者や女性たちの参入であろう。[5] 東京下町ローカルな「おじさん」たちの飲み物と見なされていたホッピーに、なぜ若者や女性たちは関心を寄せていったのであろうか。まずは若者たちの動向について注目してみよう。

一九九〇年代になると、新聞紙上でも「懐かしくて」「面白い」飲み物としてホッピーを取り上げる報道が出現し始める。例えば、見出しを紹介するだけでも、「[東京伝説]ホッピー〝路地裏の酒〟半世紀 割り方自由な[清涼飲料]」(『読売新聞』一九九八年五月一一日東京)、「一九四八・ホッピー ビールもどきの味（今日的遺跡探検）【大阪】」（『朝日新聞』一九九九年一二月一五日夕刊）、「ホッピー、路地裏から若者の街へ渋谷・新宿にも進出／東京」（『朝日新聞』二〇〇〇年一二月二四日東京）などである。ここではこのうち三番目の記事を抜粋引用しておきたい。

ビールが貴重品だった時代、安い値段で手軽に酔えたホッピーは庶民ののどを潤した。戦後、豊かな時代を迎えて一時人気は衰えたが、最近、その名前や軽い味から「面白い飲み物だ」と、若者の間で再び静かな人気が出ている。戦後の混乱を知る世代にとって「路地裏の酒」だったホッピーは、時代とともに新しい酒に変わろうとしている（『朝日新聞』二〇〇〇年一二月二四日東京）。

こうした新聞報道においては、後述する「ホッピーでハッピー党」についても紹介されており、若者たちのあいだでホッピーが静かなブームとなっていることが報じられている。そして、ここで注目すべきは、昭和レトロの懐古的な興味や健康志向的な関心だけでなく、「新しくて面白い」側面を強調する記事の内容となっている点である。東京下町の中高年男性たちの酒文化の一つであったホッピーが、この時期に若者文化と接点を持つものへと変化していくのである。

それは言いかえれば、若者のサブカルチャーとしてホッピーが受け入れられていったプロセスでもある。そうした流れの一翼を担ったと考えられる集団こそが、「ホッピーでハッピー党」（以下、「ホッピー党」と略す）であった。ホッピー党は一九九六年三月に結成され、二〇〇〇年代初頭まで活動がなされていたようである。このホッピー党は、演劇人やライターなどの当時のサブカルチャーを担っていた錚々たるメンバーによって構成されていた。こうした人びとが新たな視点からホッピーを再評価したことは、〈現代的ホッピー・イメージ〉の構築（想像／創造）において重要なものであったと考えられる。そして、そうした新たなイメージの流布が、二〇〇〇年代以降の新たなホッピー・ブーム、すなわち第三次ホッピー・ブームを準備したのである。

それではここでホッピー党なる集団について、もう少し詳しく見ていこう。ホッピー党が発行していた『ホッピーでハッピー党新聞』第一号（一九九六年四月一五日）〜第五号（一九九八年六月三〇日）および『ホッピーでハッピー読本』（ホッピーでハッピー党編二〇〇〇）等を参照すると、従来のホッピーが有していた「東京下町の中高年男性労働者のための廉価な〈酒〉」に限定されたイメージは薄れており、サブカルチャーの一つとして男女を問わず比較的若い人びとが「面白がる」傾向がみられる。そこではホッピーという酒文化が、なかばキャラクター化ないしネタ化されて消費されていた。いうまでもなく、それは若者も面白がられるという新たなホッピー・イメージの創出であった。

ただし、そうした新たなホッピー・イメージは、その時期に突然かつ偶然に形成されたとはいえない。というのも、「ホッピーでハッピー党」の中心メンバーたちは、第二次ホッピー・ブーム

（一九七五年頃から一九八〇年代初め）との連続性を有しているためである。例えば、創立メンバーである稲葉憲仁（舞台監督）のほか、同党の支援者の萩原朔美（映像作家・演出家）、榎本了壱（アートディレクター）、さすがわささめ（笹目浩之、ウルトラポスターハリスター）など、寺山修司の天井桟敷や雑誌『ビックリハウス』の関係者たちが参加しており、一九八〇年代以降の若者のサブカルチャーを牽引していた錚々たる人びとが、ホッピー党に参加していた。

本章の冒頭でも述べたように、第二次ホッピー・ブームの火付け役は、演劇関係者の若者たちであったともいわれていることから、第二次ホッピー・ブームを担っていた人びとのなかから、新たなホッピー・ブームの火付け役たちが登場したといえる。そして、そうした人びとは、一九九〇年代にはサブカルチャー領域における著名人になっていた点が重要である。ホッピーを「面白い」と捉える見方が広まった背景には、こうした人びとの動きも少なからず影響していただろう。ホッピー神山の以下のような発言は、それをうまく表している。

ホッピーを飲むということはおいしくて楽しいということですね。楽しくないと飲む意味がないじゃないですか？

お酒をダウナー系とアッパー系に分けると、ウィスキーはダウナー系、バーボンとか中南米のお酒とかはアッパー系。ホッピーというのはアッパー系ですよ。そういう意味じゃホッピーは楽しくさせてくれる。いわばエンターテイメントとして一役かってるということになりますね（ホッピーでハッピー党編二〇〇〇：六〇）。

こうした流れが、面白い〈酒〉であるホッピーを飲むことを楽しむという行為の一般化の素地を作り出していったのである。『ホッピーでハッピー読本』に収められている「はじめてのホッピー体験」等（写真2-5ほか参照）のコンテンツはそれを象徴している（ホッピーでハッピー党編二〇〇〇：六四-六九ほか）。

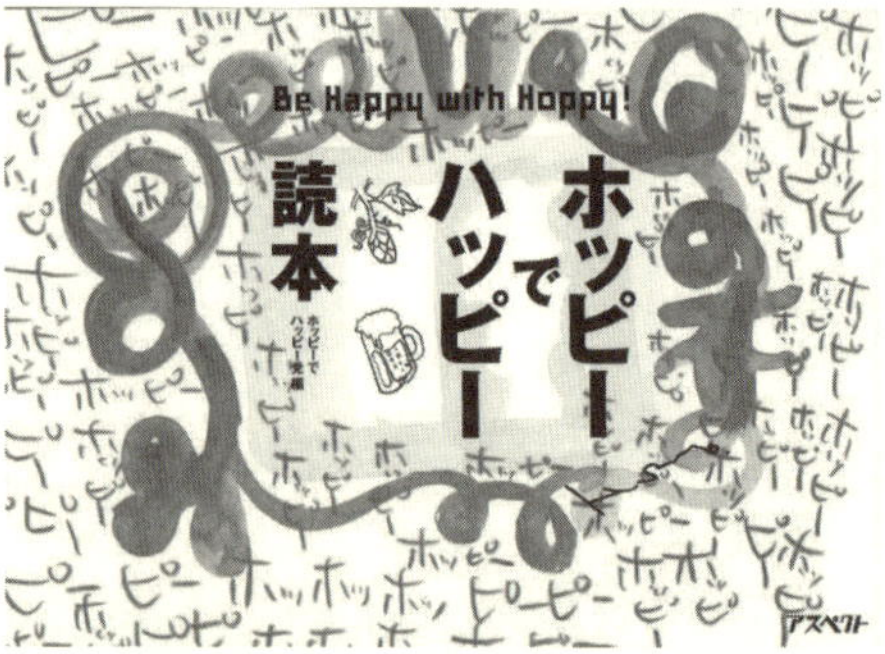

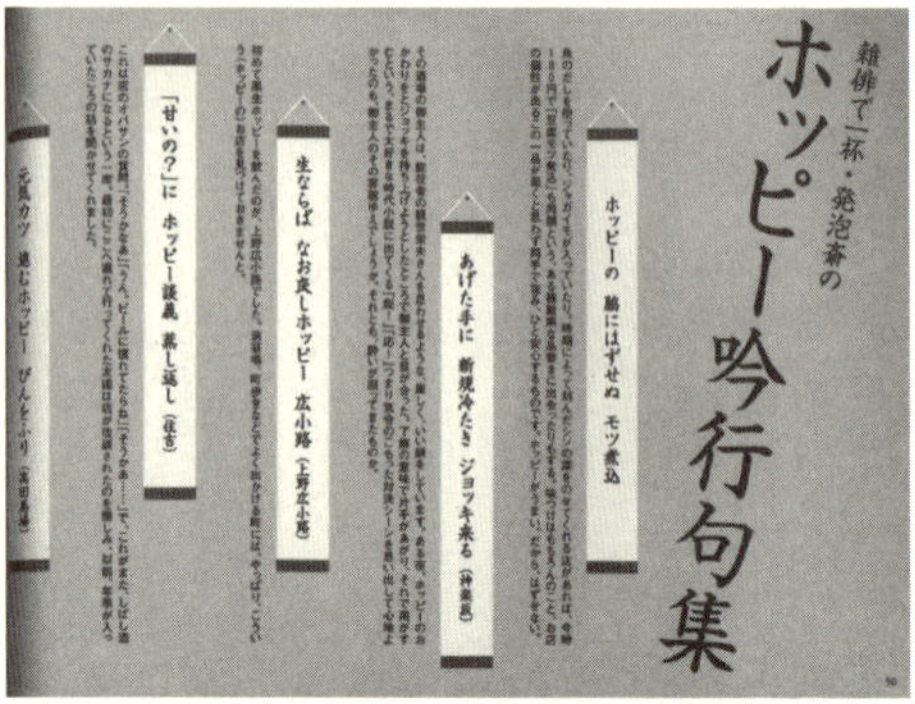

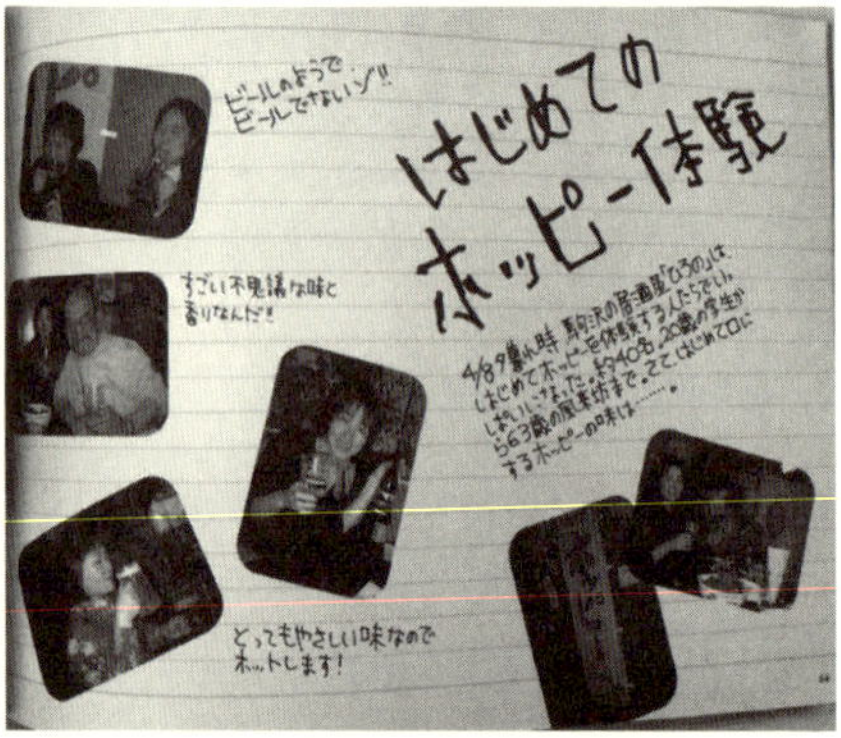

上から写真2、写真3、写真4
（ホッピーでハッピー党編2000）

写真5　（ホッピーでハッピー党編2000）

写真6　『ホッピーでハッピー党新聞』公式ウェブサイト（http://www.asahi-net.or.jp/~ux6k-kmr/　2016年3月6日閲覧）

また、ホッピー党の活動の影響力において看過できないのは、インターネットという当時のニューメディアを利用していた点である。ホッピー党は公式ウェブサイト[6]を運営しており、「ホッピーが飲める店」、「ホッピーが買える店」などのコンテンツのほか、掲示板を設けてホッピー愛飲者の交流を促した。「飲める店」や「買える店」の情報は首都圏以外にも広がっており、東京下町の一部の人びとに限定されてきたホッピー愛飲者の裾野の拡大に一役買ったことだろう。

ただし、こうしたホッピー党による活動は、ホッピーから「東京下町の〈酒〉」というローカルなイメージを喪失させるといったような結果を導くことはなかった。なぜなら、〈従来的ホッピー・イメージ〉そのもの

写真7　『Yomiuri Weekly』2001年9月9日号

が、それまでホッピーとは縁遠かった人びとにとっては魅力的であったためである。「チープでレトロでモダンな味がサラリーマンに密かなブーム　オレたちホッピー族」（『週刊宝石』二〇〇〇年九月二一日号）という記事が示しているように、あくまで「チープ」（B級性）、「レトロ」、「モダン」であることこそが、人びとを惹きつけていったのである。

とはいえ、〈従来的ホッピー・イメージ〉が存続していったといっても、それは〈現代的ホッピー・イメージ〉を重層的に構成する（重要な）一要素となってしまったことは間違いない。それゆえに、そうした流れに対して自分たちが〈従来的ホッピー・イメージ〉を担ってきたと自負する側からは、違和感や反発も生まれていた。次に挙げるのは、ホッピーを愛飲する女性が増えていることに対するコメントである。

「女性に奪われたオヤジのホッピー」
どこにでも女性が進出する世の中で、けっこうなことだ。でも、ホッピーは、「こんなの女性は飲むまい」という、オジさんたちの〝最後の砦〟であり〝最後のマイナー〟だった。たくさんの女性に飲まれて、あまりメジャーに成り上がってしまうのはいかがなものか。ホッピーが照れてるよ（『Yomiuri Weekly』二〇〇一年九月九日号）。

こうした「マイナー」なホッピーを愛してきた「おじさん」たちの嘆息をよそにして、二〇〇〇年代以降、〈現在的ホッピー・イメージ〉は急速に社会へ浸透していくのである。

5　ホッピーの一般社会への浸透――二〇〇〇年代〜

前節において論じたように、一九九〇年代後半にホッピーはサブカルチャーの一つとして関心が高まり、世代、階層、ジェンダーをこえる存在へと変化を始めた。しかしながら、ホッピービバレッジの現社長の石渡美奈（ホッピービバレッジの前身であるコクカ飲料株式会社の創業者の孫で三代目社長の娘）によれば、一九九〇年代後半から二〇〇一年にかけては、ホッピービバレッジの売り上げは低下の一途をたどっており、それが好転するのは社会一般で昭和レトロ・ブームが起こり始める二〇〇二年頃からだとされる（石渡二〇一〇a［二〇〇七］）。ただし、石渡は、ホッピー再生の直接的な要因は、二〇〇二年秋の「ワールドビジネスサテライト」（テレビ東京系列）と二〇〇三年夏の「タモリ倶楽部」（テレビ朝日系列）という二つのテレビ番組でホッピーが取り上げられたこと（「ホッピーに吹いた『神風』」）とも述べている（石渡二〇一〇a)。

二〇〇〇年代初頭という時期は、「サブ」「マイナー」(B級)な飲み物というイメージが色濃かったホッピーが、「メイン」「メジャー」の舞台へも展開していく画期でもあった。そして、両者を架橋したのが、テレビというマスメディアの影響力であったのだ。

前述したように、二〇〇三年八月一九日、サブカルチャー系の深夜のテレビバラエティ番組として今なお根強い人気を博している「タモリ倶楽部」(テレビ朝日系列)において、「ホッピーが一〇倍うまく飲めるTV」という特集が放送された。その回のゲストは、ミュージシャンのなぎら健壱、お笑いコンビの浅草キッド、コラムニスト・劇作家のペリー荻野、そしてホッピービバレッジ社員(当時)の石渡美奈であった。石渡は同番組放送後の反響について、次のように述懐している。

「ホッピーを一〇倍うまく飲めるTV」と名づけられた三〇分番組がオンエアされたのは八月だったが、番組が流れ始めたとたん、ウェブのアクセス数がどんどん伸びていったのにはびっくりした。テレビの影響力というのは、本当にすごい。ウェブ上で販売しているお試しセットが売れる、売れる。もうサーバーがパンク状態だった(石渡二〇一〇a[二〇〇七]:一七六)。

全国に向けて放送されるテレビ番組の社会的影響力についてはいうまでもないが、それがグルメ番

写真8　ホッピービバレッジ㈱ ホッピーミーナ公式ウェブサイト
（http://www.hoppy-happy.com/mina/index.html　2016年3月6日閲覧）

組ではなくサブカルチャー系の「タモリ倶楽部」であった点は、ホッピーの支持層の拡大を考えるうえで示唆的である。番組を観てホッピービバレッジのウェブサイトにアクセスしてきた視聴者たちは、飲料としてのホッピーのクオリティの高さに惹かれたのだろうか。いや、必ずしもそうではあるまい。こうした人びとは、番組において面白おかしく紹介されたホッピーの新奇性にこそ関心を抱いたものと推測される。そして、ホッピービバレッジの側もそうした流れにうまく乗っていったのだ。

とはいうものの、ホッピービバレッジはホッピーがサブカルチャー的な人気であり続けることを甘受していたわけではなく、「ホッピーミーナ」こと石渡美奈のイニシアチブにより、ホッピーの持ってきた東京下町のレトロなローカル性やサブカルチャー的性格を維持しつつも、巧みにメディアを活用してその「ポップ化」を進めていくのである。それは商業的に大成功し、石渡は低迷していた会社を見事に優良企業へ再生させた若き女性実業家としての評価を高めていった（そうした功績もあってか、石渡は二〇一〇年には四二歳の若さでホッピービバレッジの三代目社長に就任する）。

さて、第Ⅲ章のなかで詳しく取り上げられているように〈現代的ホッピー・イメージ〉の要素に一つには、「健康的」という特徴がある。確かに他の新聞報道も眺めてみると、「下町ビール。赤坂でも健在――低カロリーが女性に人気」（『日本経済新聞』二〇〇一年八月二二日夕刊）、「健康志向、ホッピーに光（大衆酒場五話：その二）」（『朝日新聞』二〇〇二年一二月二三日）、「［食材東京］ホッピー 低カロリー、庶民の味＝東京」（『読売新聞』二〇〇七年七月四日東京・都民）といったように健康志向ブームとうまく合流していったことがうかがわれる。ただし、本章の関心においてそことくに注目すべきなのは、健康的という新たなホッピー・イメージは、ホッピービバレッジの提示するホッピーの「ポップ化」されたイメージと接合されていくなかで、女性からの支持の拡大へと繋がっていった点にある。

（おじさん自然体）ホッピー好き、いいじゃない
私はホッピーが好きだ。ハイボールと同じ感覚で楽しんでいたら、上司（四七）が「おじさんみたいだな」。軽くショックを受けつつ、ホッピービバレッジ（東京都港区）に聞くと「低糖質、低カロリー。女性に優しい商品です」。ほら、飲んでもいいじゃない。おじさん限定だなんて、ずるいです（『朝日新聞』二〇一三年一〇月二九日夕刊）。

このような健康志向ブームの時流に乗りつつ女性からの関心を高めていくことは、ホッピービバ

レッジの企業戦略であった。

ホッピーは一九四八年に売り出したロングセラー商品。〈石渡美奈が〉一三年前に入社した時は、「オヤジっぽい」イメージで低迷していた。そこでポップな色の配送トラックで宣伝したり、低カロリーなどをうたったりする戦略を打ち出した。若者や女性の支持を得て、二〇〇一年度に八億円だった年商を、七年で四倍以上に伸ばした（『読売新聞』二〇一〇年三月一二日東京・夕刊）。

雑誌報道に関しても、「健康ブームで人気に 東京名物「ホッピー」少し高級な新製品」（『週刊文春』二〇〇五年六月九日号）、「「痛風」なんて怖くない！」ホッピー快進撃の秘密」（『週刊ダイヤモンド』二〇〇五年一〇月二二日号）、「Hot & Cool 華麗に変身した「ホッピー」健康志向の女性が飲み干す」（『週刊東洋経済』二〇〇六年五月二〇日号）といったものがある。以下にそうした雑誌記事の一部を引用しておこう。

お父さんが居酒屋で焼酎と一緒にグビグビ、プハァ〜……そんなホッピーのイメージはもう古い！ 低カロリーで低糖質、プリン体ゼロということもあり、体重や健康を気にする女性からの人気が急上昇。近所のスーパーやコンビニ、酒店で手に入れられる〝レトロなヘルシードリンク〟にさらにうれしい機能性をプラスした、簡単レシピが満載です！（「お父さんだけじゃもったいない！へルシーホッピーレシピ」『女性セブン』二〇〇八年一二月四日号、写真9）。

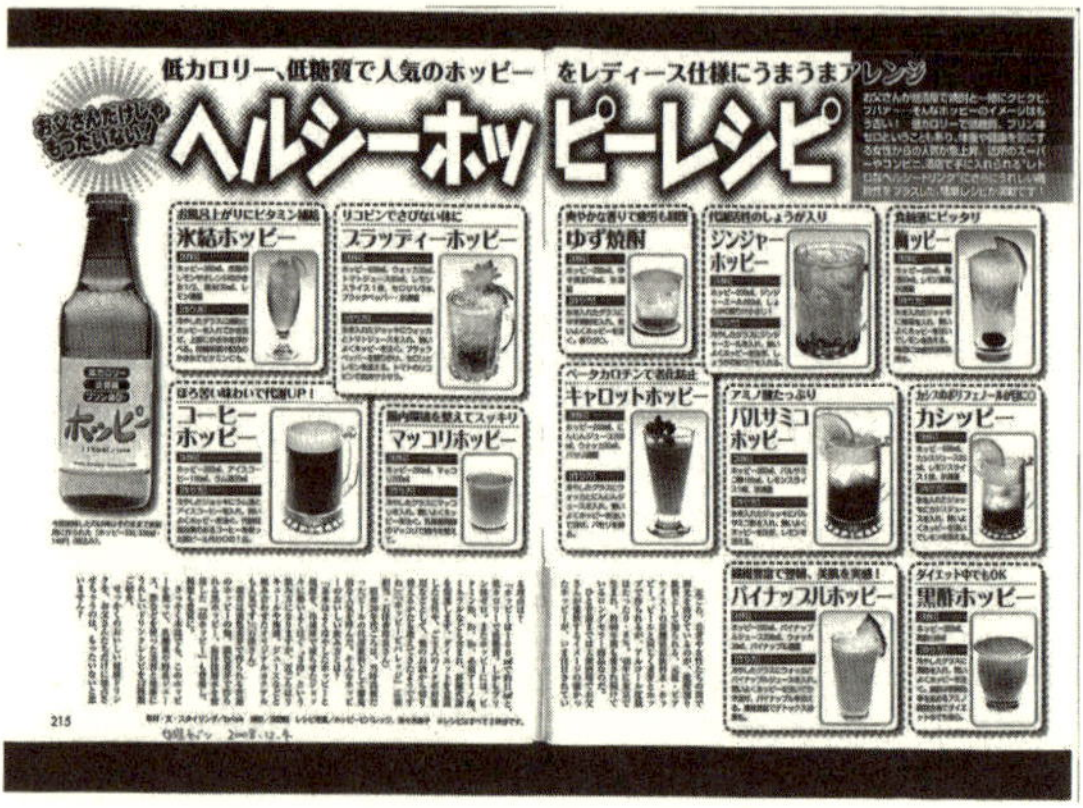

写真9　『女性セブン』2008年12月4日号

これらの報道でとくに注目すべきは、「健康」と「ポップさ」というキーワードを通じての女性と東京下町の文化としてのホッピーとの接続である。健康というものは、男女を問わず多くの人びとの関心の的ではあるものの、愛飲者として女性層が拡大していったことは、ホッピーの脱ジェンダー化の進展という〈現代的ホッピー・イメージ〉の構築にとって重要な展開であったといえるだろう。ここに及んで、東京下町の中高年男性の飲み物というホッピー・イメージは保存され続けられつつも、その愛飲者の実態は老若男女を問わないものへと拡大し、第三次ホッピー・ブームと呼ばれる状況が発生したのである。

本節で明らかにしてきたように、二〇〇〇年代以降に明確化してくる〈現代的ホッピー・イメージ〉は、それ以前の〈従来的ホッピー・イメージ〉に依拠しつつ構築されてきた。第三次ホッピー・ブームを担うホッピーの愛飲者たちは、脱ジェンダー化、脱階層化といった事態が進行してきたにもかかわらず、東京下町の「ローカリティ」に深く結びついた〈従来的ホッピー・イメージ〉を引き継いでいるという点は興味深い。それまでホッピーと馴染みがなかった人びとにとっては、ホッピーが内包し続けてきた想像上の「東京下町のノスタルジックな〈酒〉」というイメージが、「古くて新しい」という意味での関心を喚起しているのだろう（当然のことながら「健康的」というイメージも重要ではあるが）。そしてもちろん、筆者たちもそうした愛飲者たちの一部なのである。

6　おわりに

本章では、二〇〇〇年代以降の第三次ホッピー・ブームを促してきたと考えられる〈現代的ホッピー・イメージ〉の形成過程を、各種のメディアの動きに注目して明らかにしてきた。一九九〇年代半ば以前のホッピーに関するイメージ（〈従来的ホッピー・イメージ〉）は、「東京下町の中高年男性労働者のための廉価な〈酒〉」といったものであり、地域性（東京下町）、年齢層（中高年層）、ジェンダー性（男性）、階層性（労働者、廉価）といった点が色濃いものであった。その意味で、その主たる愛飲者はかなり排他性を帯びていたといえる。

そうした状況は、ホッピーの製造企業の社名が、「コクカ飲料」から「ホッピービバレッジ」へと改称された一九九〇年代頃が徐々に変化していく。まず生じたのが、「ホッピーでハッピー党」に代表されるようなサブカルチャー系の人びとのホッピーへの注目であった（その中心にいたのは、第二次ホッピー・ブームの時期にもホッピーを愛飲していたと思われる著名な演劇人や著述家たちである）。彼／彼女らは、B級的性格を有する個性的な飲料であるホッピーをキャラクター化、ネタ化して「面白がる」という観点を導入した。こうしたサブカルチャー的な視点からのホッピーへの関心の高まりには、新たに出現したインターネットというニューメディアが一役買っていた点も見逃せない。

さらに、二〇〇〇年代に入るとホッピーの社会的認知度はさらに高まり、愛飲者の裾野は広がっていく。その大きな契機であったのが、サブカルチャー系の人気テレビバラエティ番組において、ホッピーがメインテーマとして取り上げられたことであった。そして、ホッピービバレッジの側も若い石渡美奈（ホッピーミーナ）が主導して、「ポップさ」も強調する積極的な広告戦略を行っていった結果、ホッピーならびにホッピービバレッジは時流に乗っていった。そうした企業の動向で重要なのは、〈従来的ホッピー・イメージ〉を踏襲したうえで、女性や若者たちにも受け入れられやすそうな新たなイメージを付加していった点である。そしてもちろん、当時、昭和レトロ・ブームや健康志向ブームの高まりがあり、そうした社会的状況にもホッピーがうまく適合していったことも、第三次ホッピー・ブームの発生の背景にはある。

いずれにせよ、こうした諸要素が絡み合っていった結果、「懐かしい」、「健康に良い」、「美味しい」、「男女問わず飲める」、「面白い」（キャラ立ちしている）といった新たなイメージが、〈従来的ホッピー・イメージ〉に加わって、ある程度の社会的定着を見たのである。もちろん、本書の第Ⅵ章において論じられているように、独り飲みを要請するホッピーは「孤高の「酒」」としての魅力も兼ね備えている。そうした議論と本章で注目してきたさまざまな人びとが楽しめる現在のホッピー・イメージは矛盾しているというよりも、ホッピーのイメージやニーズの多様化という事態をまさに反映しているのである。

さて、そうした新しいホッピー・イメージの「定着」は、ブームを落ち着かせるということにもつながる。社会学者の北田暁大の言葉を借りるならば、一九八〇年代から一九九〇年代にかけての日本のサブカルチャーを特徴づけていたアイロニカルな「嗤《わら》い」の感性（北田二〇〇五）は、マイナーでローカルな存在であったホッピーの新たなイメージを提示した。そして、その後のホッピーは市場的に成功し、一定の市民権も得られたといえる。他方で、そうしたホッピーの日常化はある種の「ベタ化」（陳腐化）でもあり、ホッピーが有していた新奇的な魅力が次第に失われていく恐れもある。そうした社会への定着をもって、第三次ホッピー・ブームは収束したと見るべきなのかもしれない。

だが、ホッピーに関しては、その企業戦略もあって〈従来的ホッピー・イメージ〉が、今もなお根強く保持されている。そして何よりも、実際のホッピーの主要な消費地は、依然として東京を中心とする関東圏であることは変わっていない。東京に生まれ育った人びとのみならず、東京へ集う「故郷喪失者たち」（バーガーほか一九七三＝一九七七）が、メディア等と共鳴し合いながら過去の東京下町という「ローカリティ」の地景を追憶（想像）していこうとするかぎり、そこを住処としてきたホッピーのユニークな魅力は、これからも人びとの関心を喚起し続けていく可能性もまた否定できない。

本章では、飲料としてのホッピーそのものというよりも、メディアを通じてそれに付与されてきた多様なイメージに注目した。ホッピーは単に昭和の下町のノスタルジーを喚起させるだけでなく、ユニークで他の酒類にはない面白さがある。だからこそ、筆者たちはその研究を進めてきた。その面白さは酒場のような飲酒空間の現場だけで形成されてきたわけではない。新聞、雑誌、テレビ、インターネットなどにおいて、製造企業を含めた多くの人びとがホッピーを自由に取り上げ、語ることによって、現在のような魅力的なそのイメージが構築されてきたのである。

注

1 地酒ブームについては、居酒屋を中心に酒文化の戦後史を論じた（橋本二〇一四：二〇一五）が詳しい。

2 なお、ここでのアパデュライの議論の要約については、（アパデュライ一九九六＝二〇〇四）に収められている吉見俊哉による「解説」も参考にした。

3 ただし、『日経産業新聞』では、一九八〇年代にもホッピーの販売元であるコクカ飲料（現ホッピービバレッジ）の動向が散発的に報道されていた（『日経産業新聞』一九八二年一一月二〇日、同一九八六年九月一八日、同一九八六年一〇月二一日、同一九八七年九月三日など）。その当時のチューハイ・ブームの影響で取材を受けていた点が興味深い。

4 ただし、ホッピー神山も飲料のホッピーと無縁ではない。学生時代にお金がなくてホッピーをよく飲んでいたため、ライブで先輩から冗談で「ホッピー神山」と紹介されたことから、その名前が定着してしまったと本人が述懐している（ホッピーでハッピー党編二〇〇〇：一〇）。

5 戦後、とりわけ一九七〇年代の日本社会における女性のアルコール進出のありようについては、本書第Ⅰ章を参照されたい。

6 『ホッピーでハッピー党新聞』公式ウェブサイト http://www.asahi-net.or.jp/~ux6k-kmr/（二〇一六年三月六日閲覧）。

参考文献
Appadurai, A., [1996]2004, *Modernity at Large: Cultural Dimensions of Globalization*, University of Minnesota Press.（門田健一訳『さまよえる近代――グローバル化の文化研究』平凡社、二〇〇四年）
浅岡隆裕、二〇一二、『メディア表象の文化社会学――〈昭和〉イメージの生成と定着の研究』ハーベスト社.
Berger, P. L., B. Berger and H. Kellner, [1973]1977, *The Homeless Mind: Modernization and Consciousness*, New York: Random House.（高山真知子・馬場伸也・馬場恭子訳『故郷喪失者たち――近代化と日常意識』新曜社、一九七七年）
Davis, F., [1979] 1990, *Yearnig for Yesterday: a Sociology of Nostalgia*, New York: Free Press.（間場寿一・荻野美穂・細辻恵子訳『ノスタルジアの社会学』世界思想社、一九九〇年）
橋本健二、二〇一四、『居酒屋ほろ酔い考現学』祥伝社.
――、二〇一五、『居酒屋の戦後史』祥伝社.
ホッピーでハッピー党編、二〇〇〇、『ホッピーでハッピー読本』アスペクト.
石渡美奈、二〇一〇ａ［初版二〇〇七］、『ホッピーでHappy! ――ヤンチャ娘が跡取り社長になるまで』文春文庫.
――、二〇一〇ｂ、『社長が変われば、社員は変わる! ――ホッピー三代目跡取り娘の体当たり社員〝共育〟奮闘記』あさ出版.
北田暁大、二〇〇五、『嗤う日本の「ナショナリズム」』日本放送出版協会.
なぎら健壱、二〇〇九、「解説」大竹聡『中央線で行く東京横断ホッピーマラソン』ちくま文庫.
大竹聡、二〇〇九［初版二〇〇六］、『中央線で行く東京横断ホッピーマラソン』ちくま文庫.
笹部建、二〇一三、〈書評論文・レビュー論文〉「ノスタルジーの文化社会学」『ＫＧ社会学批評』二：一一－一九.

（高橋　典史）

©OBARA Sawako, 2016
串カツ屋エベス（南阿佐ヶ谷）

Ｖ　浅草で正しくホッピーを飲む方法

――下町と居酒屋の再想像――

本章では、観光学の表舞台／舞台裏という概念を用いながら、ホッピーが飲まれる場所についての語りに注目する。ホッピーはどこでも飲まれるわけではない。飲むにふさわしいとされる街や店の雰囲気が共有されている。ホッピーが似合うのは、上野・浅草・神田・新橋などのいわゆる下町とされる。東京が東から西へと拡大してきた都市であることを手がかりに、下町イメージとホッピーの関係について考えてみたい。

1　ホッピーは美味しくないし体にも良くない

ホッピーを考える時に忘れてはならないのは、その不味さだ。少なくとも、筆者はあまり美味しいと思ったことはない。

ホッピーは貧しい戦後期にラムネ製造会社が作った麦酒様清涼飲料水だ。進駐軍が放出したビール瓶に詰めて、復員軍人らがザックに入れて売り歩いた。それで業務用の一八リットル容器販売がメインだった焼酎を割って飲む。いかにも敗戦後の飲酒文化であり、美味しいわけがない。

それにもかかわらず、どうしてそんな飲み物が今でも存在しているのか。さらに言えば、近年になって、前よりも飲まれるようになっているのか。それが本章の基本的な問いである。

健康志向の波に乗ったからという説明は十分ではない。ホッピーは低カロリー・低糖質・プリン体ゼロなので、特に痛風の人にうけたといった主張だ。健康志向はホッピービバレッジの戦略ではあるが、これがどこまで人口に膾炙し、それを理由にホッピーを選んでいる人がいるのかは不明である。

酒で体に良いというイメージで言えば、ポリフェノールの抗酸化作用で知られる赤ワインが圧倒的だろう。さらに現在では、たいていの酒は体に良いことになっている。ネットで検索すれば、それぞれの酒の効能を説いた主張がいくらでも拾える。

たとえば、焼酎が血栓を溶かして善玉コレステロールを増やすことを主張する本があるし、テキーラが中性脂肪とコレステロールを減らすという主張もある。

日本酒の場合は、体内では作れないアミノ酸が多く含まれており、生活習慣病予防になり、美肌効果があるという。さらに黄桜のウェブサイトでは、日本酒を多く飲む東日本の方が西日本よりも肝硬変・肝臓がんの死亡率が低いとされている。

ウィスキーには、ポリフェノールの一種のエラグ酸が含まれていて、糖尿病の合併症を阻害する効果があり、それはお茶や赤ワインよりも強力だという。ジンにはさまざまなハーブが含まれているので、整腸作用、ホルモン分泌の安定、胆汁分泌の促進などが期待されるという。ウォッカの場合は、化粧水に混ぜるとニキビ予防になるし、ジュエリーやメガネの掃除にも使えるようだ。

さらに、ホッピーの最大の敵であるビールにもポリフェノールが含まれており、発がんを抑制するという。また、ビールに含まれているプリン体は量が少なく、痛風の発症には影響しないというのである。

そもそも、二〇〇七年、WHO（世界保健機関）は、アルコール自体が発がん性物質だと結論づけている。だが右のように、一般に流通する語りのレベルでは、ほとんどの酒は体に良いことになっている。その中で、ホッピーだけが健康イメージで飲まれていると論じるのは妥当ではないだろう。

その来歴からしてホッピーはそれほど美味しいわけがないし、体に良いわけでもない。値段や味などさまざまな尺度はあるが、無数にある第三のビールの方が勝っていると感じる人もいるだろう。健康イメージは販売戦略ではあるが、それが奏功し続けているかどうかは議論の余地がある。マーケティング論の製品ライフサイクル理論で言えば、導入期から成長期にかけて、ホッピーの認知度を上げるために、プリン体ゼロというビールにはない新機能を謳ったといったところではないだろうか。したがって、現在において、ホッピーの味や効能を実体的に議論するのはあまり意味がないように思われる。

そこで本章では、味や成分といったホッピーの本質ではなく、ホッピーがまとった装飾、つまり社会文化的イメージに注目してみたい。ホッピーというきわめてマイナーな酒を考えるには、さまざまなメディアを通じた酒や場所に関するイメージ形成を見逃すことはできない。私たちは知らない酒を飲むことはあり得ない。ホッピーはビールやワインのようにメジャーではなく何かきっかけがなければ、知ることのない飲み物だ。その際、どのような経路で知ったのかが重要なのである。

このようなアプローチでホッピーを論じる際、観光研究の視座が有効である。私たちがどこかへ旅する場合、知らない場所に行くことはない。何らかのメディアを通じて、あらかじめその場所についての先入観を獲得し、その上で実際に訪れて、事前のイメージと実際の落差に感動したり落胆したりする。観光研究の泰斗J・アーリが論じたように、「メディアは（世界の）なぞり」であり、さらにメディアをなぞることで観光は生成するのである（アーリ＆ラースン二〇一四：一五五）。

その点、ホッピーは特に東京の「下町」と密接に結びついて語られる。「東京右半分（都築響一）」あたりの大衆酒場で飲まれているイメージが強いのではないだろうか。そこから、ナカの量、値段、肴についてのイメージが生まれ、「正しいホッピーの飲み方」といった語りが共有されているのである。本章では、特に浅草のホッピー通りに注目して考察を進めてゆく。

2 居酒屋の再発見

ホッピーがまとう社会文化的イメージを考える準備として、そもそもホッピーが飲まれる舞台である居酒屋について考えてみよう。

ホッピーはどこでも同じように飲まれているわけではない。ホッピーにふさわしい舞台とされる店には、一之江の「六兵衛」、上野の「大統領」、赤坂の「尻臼」などがある。休業中の木場の「河本」は吉田類（一九四九年〜）が聖地と呼び、店内には永井荷風の写真が掲げられていた。地理的に見た場合、これらの店が東京の東側、一般的に「下町」と呼ばれる地域に多いことは見逃せない。

東京は歴史的に東から西へと拡大してきた街だ。江戸時代、政治・経済・文化の中心は日本橋、上野、両国あたりにあった。以降、東京の人口は増加し続けるが、新参の人々は東京西方の多摩郡域に収容されてきた。現在では、もっとも繁華な街の一つである新宿も、一七世紀末、すでに経済的に飽和状態にあった浅草の商人が、新たな投資先を求めて同地に宿場を開設したことに始まる。

朱引という言葉がある。一九世紀初頭から、江戸の範囲を示すために用いられた言葉だ。幕府が、地図上に、赤い線で江戸の範囲を囲って示したのである。この範囲は御府内とも呼ばれ、もっとも伝統的な東京だと言える。

朱引を現在の地図に重ねると、東は現在の荒川あたり、西は東中野、代々木上原、目黒、南は品川、北は千住、飛鳥山あたりを限度としている。現在の東京としてイメージされる範囲よりも、だいぶ東に偏っているだろう。この範囲外にあった高円寺、阿佐ヶ谷、吉祥寺、国分寺、立川などに新住民を収容しながら西へと拡大してゆくプロセスが、地理から見た東京の歴史なのである。

こうした形成史から、簡単に言えば、東京は東に行けば古い街が残っており、西に行けば新しい街がある。そして、東西の歴史的蓄積の落差を背景に、東側の下町文化である居酒屋が再発見されることで、ホッピーを飲む舞台が準備されたのである。

さて、近年の居酒屋論を牽引してきたのが、先の吉田と太田和彦（一九四六年〜）の両氏であることに異論はないだろう。それぞれスタイルは異なるが、東京東側の居酒屋文化を積極的に紹介してきた。吉田は長寿番組『酒場放浪記』で、場末と呼ばれそうな街や都心のオフィス街に取り残されたような店をとり上げる。そして、太田も、根岸の「鍵屋」を居酒屋の理念型としながら、古い家族経営的な雰囲気が濃厚な店を情熱的に評価する。

太田は数多くの著作を書いているが、その中でも、版を重ね続ける『太田和彦の居酒屋味酒覧《みしゅらん》』（初版二〇〇四年）は、居酒屋めぐりのバイブルと言って過言ではない。第三版では一七三店が洒脱な文章で紹介されている。ここでは、同書をあえてフランスの本家ミシュランのレストランガイドと比較して、その特徴を探ってみよう。

本家ミシュランの基本的な機能は旅行ガイドだ。どこかへ旅をする時、どのような場所を見て、どこに泊まり、何を食べるべきかを解説・推奨する。本家は、一つから三つの星の数で格付けすることで知られる。星一つは特に美味しい店、星二つは回り道をしてでも寄るべき店、星三つはその店を目的地にして旅をする価値があるという区別である。

本家ミシュランの場合、星一つであってもそれなりの高級店である。日常的に通うような店ではない。星三つともなれば、なおさらである。一方、太田味酒覧に掲載される店には気軽に行けるものが多い。取り上げられる店のほとんどは地域の人々にとっては日常的な店である。値段が安く、常連が多く、特別な時ではなく日々通い詰めるタイプの店が紹介される。つまり、本家ミシュランは、非日常的な高級店を非日常的なものとして紹介する傾向が強いのに対して、太田や吉田の居酒屋論は、日常的な店を非日常的な場所として再提示しているのである。

太田や吉田と同じく東京居酒屋論を展開しているのが大竹聡（一九六三年〜）である。同氏による名著『中央線で行く東京横断ホッピーマラソン』（二〇〇六年）は、ホッピー論の画期となった。東京駅から高尾駅までの三二駅で下車し、すべての駅の界隈でホッピーが飲める店を探したものだ。この本のポイントは中央線沿線を舞台にした点にある。

東京を東西に貫いて走る中央線は、先に述べた東京の西進運動の記憶と直結する路線だ。東に行けば古い東京があり、西に行けば新しい東京がある。そして、ホッピーは東の古い東京の飲み物というイメージがあったからこそ、果たして西の方で飲めるかどうかという企画が成立したのである。山手線や銀座線では、この企画は成立しなかったはずだ。

ホッピーと路地裏、大衆酒場といった連想は東京の地理感覚から生まれた。新宿以西にも高円寺の「バクダン」、吉祥寺の「いせや」などのシンボル的な店もあるが、東京西部の住宅地やチェーン系居酒屋とホッピーは一般的には結びつきにくい。太田や吉田による東京東側の居酒屋の発見と提示があったことで、ホッピーの文化的な居場所が確保されたのである。

誤解を恐れずに言えば、ホッピーのシンボルとされるような店には、特段に美味しいものがあるわけではない。たいていは食べ物は焼き鳥や簡単な刺身、飲み物はホッピーやサワーが中心で、日本酒にしても安価な銘柄のものが少し置いてあるだけだ。つまり、飲食ということだけ考えれば、必ずしもその店でなくても良い。わざわざ時間をかけて行くような店ではなく、近所にあるから毎晩通うタイプの店なのである。

『酒場放浪記』『ニッポン居酒屋紀行』といった吉田、太田両氏のテレビ番組では、店の背景に常連客が配置されている。常連が日頃と変わらない居酒屋の日常風景を作り上げる中に、外から来た訪問者として両氏は入って行く。つまり、他人の日常を非日常として一時的に体験するのが、居酒屋めぐりの作法なのである。そのため、食べ物や飲み物の質と同じくらいに、店の空気が価値を置かれるのである。

観光研究には、観光の表舞台／舞台裏という概念がある（MacCannell 1973）。D・マッカネルが提唱した概念だ。マッカネルは、観光客は観光用に作られた表舞台に満足するとは限らず、その裏側を見ようとする欲望を持っていることに注目し、観光の空間を次の五つに分けている。

第一段階である「表舞台」は観光用に作り込まれた空間であり、観光客はここを乗り越えて、その裏へ行こうとする。第二段階は、「まるで舞台裏であるかのように作られた表舞台」であり、そこには雰囲気しかない。第三段階は「完全に舞台裏のように作られたシミュレーション」だ。第四段階は「部外者にも一部開かれた舞台裏」である。第五段階は部外者が稀に入っても大丈夫なように「整えられた空間」である。そして、第六段階が「完全な舞台裏」であり、マッカネルは、これこそが「ツーリストたちを駆り立ててやまない社会空間」だと論じている。

マッカネルの議論から引き出すべきは、地域の人々の日常生活こそが訪問者にとってもっとも価値があるという点だけではない。訪問者は、観光用に作られたものの背後にある演出されない日常性を探求するが、真の日常性の手前に、あたかも本物の日常であるかのように整備された空間やシミュレーションが控えているという点が肝要である。訪問者がこれこそ本物の日常だと体験したものが、実は、そのように感じさせるために演出された虚構かもしれないのである。

こうした日常性の多層化は、近年の居酒屋を考える上で重要だ。そもそも居酒屋は地域の人々の日常生活の一部だ。メニューが頻繁に変わるわけでもない。昨夜と同じような肴で同じようなお酒を今夜も呑む。肴にしても、家庭で作れそうなものも少なくない。習慣性と日常性という点で、居酒屋は飲食店の中でも独特の位置を占める。外食だけれど、日常生活の一部に組み込まれている。だからこそ、味や酒の種類と同じくらいに、店の佇まいや雰囲気、店主の人柄などが重視されるのである。

吉田や太田によって、地域の日常生活の中に埋め込まれていた居酒屋が、わざわざ訪れるべき場所として再提示された。もちろん、吉田と太田の店の選び方には違いがある。吉田がホッピーの似合う大衆店を積極的に紹介するのに対して、太田は、ややスノッブな店を選ぶ傾向にある。だが、いずれにしても、本来、居酒屋はめぐる場所ではなく、せいぜい二〜三の店に通い続けるものだ。それをめぐるべき場所として観光的に再提示したのが、近年の居酒屋ブームの本質だ。

そこで常連に囲まれて、値の張らない酒と食べ物を消費することが、本当の居酒屋体験だと考えられるようになった。他者の日常に触れるからには、特別な酒や料理であってはならない。そしてホッピーは、古い東京に接する上で、その場所を生きる人々の日常だと信じられやすい酒の一つなのである。

3　浅草ホッピー通りの表と裏

東京東側という文化的他者の日常への欲望こそが、ホッピーの居場所を作り出した。ホッピーには東京の古い地域で常飲されているというイメージがある。実際、二〇〇〇年代以前、ホッピーは卸を通さない手売りであり、流通は古い東京を中心としていたと考えられる。

それでは、ホッピーは巷ではどのように語られているのだろうか。ここでは、ツイッターでのつぶやきを取り上げてみよう。特に浅草を舞台にしたツイートに注目してみたい。浅草と言えば、典型的な下町のイメージがあるが、以下で取り上げるホッピー通りは、近年まで、域外からの訪問者がわざわざ訪れるような場所ではなかった。浅草が下町的な呑みの場として観光的に発見されるのは、二〇〇〇年代以降の居酒屋ブームの時なのである。

ホッピー通りは、場外馬券場の前を南北に走る道である。「煮込み通り」という別名の通り、煮込みとホッピーを売り物にした同じような店が軒を連ねる。店の外まで席が溢れ、どの店にも呼び込みがいる。たいていの店は、昼過ぎから客がいる。特に競馬のある土日は午前中から開いている店が多く、いかにも東京東側の文化を実感させてくれる場所だ。

①年末年始は浅草のホッピー通りで飲み屋が立ち飲み席用意してかなり活気（?）溢れてるって
情報を小耳に挟んだので、今回の正月は浅草にいるかもです。っていうか行ってみたい憧れ

②昼から飲み最高✨卒業式ぶりの4人！
地元、東京埼玉神奈川山梨からの集結。
#浅草#ホッピー通り#2軒目#これぞ休日

③ホッピーは下町っ子に人気のある飲み物ですね。
浅草ではホッピーを扱うお店が沢山ありお昼頃から飲めるお店も多いので、GWには煮込みと

ホッピーを楽しみに浅草参詣も面白いかもしれませんよ。

④浅草には日本人の愛がある！！！かもねｗ
ホッピーはサラリーマンの愛の伝道師だね♪

⑤アメ横も飲み屋多いよな。浅草ホッピー通りもおすすめだけど。

⑥場末っぽい居酒屋へ。ホッピー、煮込み、マグロぶつ…東京に来るとこれが定番。ホッピーにはマドラーが付いてなくて「割り箸で混ぜろ！」という暗黙（多分）。煮込みは味噌味でちょっと残念。。。

⑦それか鶯谷のラブホ街の谷間にある場末の居酒屋でマカロニサラダなんかをつまみながらホッピー飲みたい

⑧浅草のウインズで買って、ホッピー横丁で一杯やりながらテレビ中継見るのができるオヤジへの一歩！

⑨天気のいい日にホッピー横丁でやっすい酒を飲んで、ほろ酔いで浅草歩いて、夕方に銭湯でひとっ風呂入って、上野で餃子と梅酒飲んでご機嫌で帰る、とか、もう出来ないのか…

⑩大統領行ってからの浅草ホッピー通り！
そして泥酔状態で水上バス乗るのとかめちゃんこ楽しい(^^)
またやりたいなー♡

⑪材料は同じなのに東東京（下町）で呑むホッピーの方が何億倍も美味しいのなんでだろ〜！？
（なんでだろ〜）

東京東側を文化的他者として見る典型的な語りだと言える。飲食の質ではなく、それを取り巻く雰囲気が評価されていることがうかがえる。特に⑥のような語りからは、一般的には不親切な接客さえ他者の日常として評価しようとする姿勢が読み取れる。
さらに言えば、不親切さを相手よりも上位に立って受け止め、それをあえて楽しめることへの自負が見え隠れしている。不親切さは他の場所では批判される。しかし、他者の日常性の探求こそが目的となる「場末っぽい居酒屋」では、そうした不親切さこそが他者の日常性への手がかりになるのである。

⑫上野や浅草、北千住で粋な飲み方教わった一〇代が懐かしい・・・・
レモンサワーがホッピーみたいに中と瓶で出てくるのもあの界隈の老舗くらいだし（爆）

⑬浅草のホッピー通りとか六区のあたりの適当な店で、コリアン系女子に雑な接客されながら、キンキンに冷えた生ビールとモツ煮込みとチャンジャ食べたい。

⑭「立食スタイルなのでお気軽に参加ください」という年末懇親会が帝国ホテルで2万円とは、狂ってんなこの業界。不況じゃなかったのか（小売店さんを招待するための原資が含まれていることは承知してますが…）。浅草でホッピー2万円分も呑んでみろ、3日は噴射下痢が止まらないぞ。

⑮こんないい天気の日は、昼から浅草のホッピー通りで飲み歩いて知らないオジちゃんと仲良くなって馬券を奢ってもらうに尽きるよな

⑯「カフェだと安心して一人でもお酒飲める～♪」とかぬかす女の人に興味ねえな。むしろ、場末の焼き鳥屋でホッピー頼める女に惚れる（笑）

⑰謎の会長やら旦那や、女将さんやらの集う浅草の路上はみ出た店でホッピー飲んでる

⑱ホッピー通りで一杯。下町だから江戸っ子ばかりってわけじゃなくて韓国系が多く根付いてる面白い地域。友人にそのコミュニティがいれば一瞬で受け入れられるのも面白い。

⑲浅草楽しかったホッピー通り最高だな浅草の人はみんな優しくてびっくり

これらにおいては、通常はありえないような地元の人々との交流の可能性を予感させる場所としてホッピー通りが語られる。別言すれば、マニュアル化・均一化され便利ではあるが冷たい社会に対して、不便ではあるが優しく温かい社会としての浅草が対置されている。典型的な下町イメージの重ね合わせだと言える。そして、その交流において鍵になるのは、サワーやホッピーといった安酒である。

興味深いのは、他者の日常性への理解力によって、訪問者としての格付けがなされることだ。マッ

カネルの議論を敷衍すれば、他者の日常性へと接近した訪問者、つまり舞台裏に迫ったと自負する訪問者は、表舞台に近い人々の体験は表層的だとし、彼らを自分よりも劣位にあると見なす。舞台裏からの距離感で、訪問者が階層化されるのである。典型的なのは⑯だ。カフェと焼き鳥屋が鮮やかに対立させられ、後者の世界を知る方が上位に位置づけられている。

⑳下町で飲み慣れておりかつ酒がメインだと「洒落た店のハンバーガー一〇〇〇円か…あそこならモツ焼きとホッピーで千ベロなんだがな」と思ってしまうのやめたい

㉑猫の額って言葉ほんと素敵。
「猫の額ほどしかない狭い店内に、老いも若きも肩を付けながら、熱心に芸術論を打っているのだった」的な店が良い。

そして、吉田類に取材されたい。

そのためにはまずホッピー置かなきゃ。

うん。

大丈夫。

ホッピー置いてあるライブバーもありだよきっと。

㉒ホッピーはええな

このチープ感が下町で飲んでるというか東京の醍醐味だろうぇーい

㉓吉田類をみることは一種の「体験」なんだよなと。テレビの向こう側にある内輪いじりを眺める消費ではない。吉田類はこちら側にいて、僕らは擬似的に吉田類と一緒に下町の居酒屋で煮込みをつまみながらホッピーを飲んでいるのである。吉田類体験だ。

こうした東京東側へのまなざしのあり方は、忘れられた伝統文化や大衆文化を理解し、それを肯定できることこそ粋なのだという潮流に掉さす。大きくとらえれば、たとえば森まゆみらが地域雑誌の刊行によって「谷根千」という新たな地域イメージを創造し、そこには飲食をはじめ、独特の文化が残っていることを喧伝した。他にも、自身が浅草に居を移したいとうせいこうによる江戸文化や、『東京右半分』などによる都築響一の東京のマイナー文化の再評価などが挙げられるだろう。

吉田、太田の両氏による東京の居酒屋文化の再発見・再提示はこうした文脈と共鳴している。さらに現在では、『孤独のグルメ』(原作・久住昌之、作画・谷口ジロー)や新久千映『ワカコ酒』といった作品を通じて、日常的な飲食を再評価する視点が広く共有されるようになっている。『孤独のグルメ』はマニアうけしていた原作漫画が徐々に読者層を広げ、二〇一二年にドラマ化されたことで軽い社会現象にもなった。他にも、ラズウェル細木やなぎら健壱による作品の影響も大きいだろう。こうした広い意味での日常的な飲食や下町飲食を入口にした都市探検の興隆の中で、ホッピーは東京の日常に触れる足がかりになったのである。

それでは、浅草をはじめ、東京の東側でホッピーを飲んでいれば、それで日常性に触れたことになるかというとそうではない。日常を探求するまなざしは、さらに敏感に差異を見つけ出そうとする。

㉔浅草のホッピー通りはチープじゃない、安酒場どころか高い。雰囲気で下町っぽさを演出しているただの観光地。

㉕浅草で飲み食いしたらアカン。
いかにも「庶民です」ヅラしたホッピー通りとかクソ高いよね

㉖浅草で昼のみならやっぱり、路面かお好み焼きかな？
まずは、ホッピー通り。正ちゃんの煮込みが好きだけど、なんとなく気に入ったところに入ると良いです。でも、意外と高いです(^^;;

㉗浅草のホッピー通りの店って小汚い店構えの割にどこも高いから、真のリアリストは雷門通りの天やで昼間から天ぷら盛りとビールをキメると思う！！

㉘3軒目は、浅草のホッピー通りへ。赤とんぼ。
適当に空いているお店に入ってしまったが、
分かってはいたけど、ホッピーセット五五〇円、中三五〇円と高い。
しかもプラカップに、料理は紙皿。
事前に調べておけばよかった。。。

㉙有楽町のガード下や、浅草のホッピー通りにはあんまりいい店はない。
汚いばかりでちっとも安くないし味もメニューも普通。雰囲気代を払ってるのだろうか。
それにしても汚くて古いのに高いとは、これいかに。

ここでは、一見、ホッピー通りの値段設定が問題になっているように思われる。だが、これらのツイートのメタ・メッセージは「自分はホッピー通りが演出された日常であることを見抜いている」と

土曜正午のホッピー通り

いうことに他ならない。

五五〇円のホッピーセット。もちろん、これより安い店はいくらでもある。だが、破格の高さというわけでもないはずだ。おそらく、ホッピーを出している店の多くが、前後一五〇円くらいの値段帯におさまるはずだ。セットを二五〇円で出す店も八五〇円で出す店もほとんどないだろう。

これらのツイートは、一見、数百円の差に目くじらを立てているように見える。だが実は、数百円差に敏感であることが正しい姿勢だと主張しているのであり、その差に鈍感であることを批判しているのである。数百円の差を具体的な店名を挙げて批判できることそのものが、ホッピーを飲む時には重要なのである。まさに裏の裏を際限なく求める観光的なまなざしの典型と言えるだろう。

㉚大衆酒場ごっこの店の特徴（老舗は除く）
レトロな看板。
屋号は「大衆酒場○○本店」
チューハイをボール、下町ハイボールと呼称(氷なし)。
メニューに赤星、ホッピー、キンミヤ、ハムカツ、煮込み、ポテサラがある。
コの字カウンター。
うちもいくつか当てはまるから「ごっこ」だな

㉛浅草の観光ガイドって読んでみると知らない世界が立ち上がってくる。ホッピー通りが地元庶民の憩いの場？我々はホッピーに四二〇円も出せませんよ。

もはや金を払ってホッピーを飲むこと自体がお上りさん的な振る舞いだと示唆するこれらのツイートは、大衆居酒屋の店員や浅草近辺の地元の人によるものだろう。このツイートは、どこにも確固たる大衆の浅草の日常など存在しないことを示している。

ホストから見れば、そもそもホッピー通りは非日常的な観光地なのである。そのような、ホストの知らない世界で日常を探そうとすること自体が批判されるべき行為なのである。地元の人々にとっては、そもそも浅草寺以南で呑もうとすることが観光的だと批判されるかもしれない。

浅草寺の北側、観光客があまり目立たない観音裏には、「ぬる燗」や「さくま」といった名店がひしめく。「オマージュ」のような本家ミシュランに選ばれたフレンチもある。ホッピー通りから見れば、より舞台裏に迫った場所かもしれない。だが、これらも太田美酒覧やミシュランですでに紹介されており、下町イメージを消費する場所として表舞台に出さされるのかもしれない。

ホッピーを取り囲むのは「東京の古い文化」「下町」「安さ」「大衆的な雰囲気」といった、いくらでも裏側のありそうなイメージばかりだ。いずれも分かりやすいようでいて、実は万人が納得する基準や定義を示すことはできない。そこにあるのは一見客観的な主観的判断だけである。

たとえば、ホッピーのナカはキンミヤこと亀甲宮焼酎であるのが正統とされる。だが、この組み合わせにしても、二〇〇一年頃に「下町の酒場を支える名脇役」というキャッチコピーが使われ始め、以降、ホッピーの相方としてのイメージが形成されたに過ぎない。

あるいは、ホッピー通りからすぐの場所にある「捕鯨船」は、ビートたけしの下町イメージに惹かれて訪れたであろう観光客で常に満席だ。煮込み以外にも山ほどあるメニューは、飲み物も食べ物もホッピー通りと比べて割高だ。だが同店には、地理的に浅草にあるというだけでなく、浅草芸人という要素でさらに濃厚な下町イメージが読み込めるため、多くの人は納得できるのではないだろうか。

現在、大衆居酒屋でホッピーを飲むことは観光的な振る舞い以外ではありえない。東京東側の文化に触れるためにホッピーを飲む。だが、その場所や食べ物も含めて、訪問者が求めるものを提供するためにさまざまな演出がほどこされている。そしてその演出を見抜き、作為をかいくぐって舞台裏に迫ろうとするのが正しい振る舞いなのである。とはいえ、どこにも本物の舞台裏は存在せず、裏側に迫ろうとする試みが際限なく続くのである。

4　ホッピー通りの現在

そもそも浅草がホッピーと似た盛衰をたどってきた。浅草は江戸時代から続く東京でもっとも古い盛り場の一つだ。長い間、映画・芸能・飲食などの最先端をゆく街であった。しかし、戦災の影響やテレビの普及による映画館の撤退などで、一九六〇年代以降はしばらく衰退期にあった。再び脚光が当たり始めるのは平成に入ってからである。

そして現在では、浅草は年間三〇〇〇万人もの観光客が訪れる最大級の観光地になっている。したがって、外国人も含めた観光客のための施設が充実しつつある。リッチモンドホテルの向かいには「まるごとにっぽん」、その裏にはドン・キホーテ、その南にはリニューアルしたＲＯＸ、さらにその南の寿司屋通りには最新のゲストハウスができている。実のところ、浅草は古い街ではなく、古いものがあるイメージで人を集めることで新しくなってゆく街なのである。

㉜吉田類の酒場放浪記に習ってホッピーに焼酎入れたら旨かった！コスパもいい

㉝ホッピー通りの隣にリッチモンドホテルがあるのが現在の浅草

前節で見たように、浅草でホッピーを飲むことの正しさと楽しさを主張する語りがあると同時に、すでに浅草でホッピーを飲むことの間違いを指摘する語りがある。いずれも自分たちは正しいホッピーの飲み方と正しい浅草を知っていると自負している点が重要だ。㉜のような語りがベタとしてホッピーを飲んでいるのであるとすれば、㉝のようなホッピーと浅草の裏側に迫ろうとする姿勢は、どこまでもネタとしてホッピーを受け止めようとするものだ。

現在では、ホッピー通りのど真ん中に、明らかに他の煮込み屋とは雰囲気の異なるカフェができている。アメリカ西海岸風のウッドデッキがあり、パンケーキやフレンチトーストやプレミアムジンジャエールを売りにする店だ。夜ともなれば異質感は一層高まるが、この店は空気の読めない闖入者ではない。ホッピー通りがすでに観光的に陳腐化し、ネタとして扱われつつあるからこそ、若者や外国人観光客に需要のありそうな別の形態が選ばれたのではないだろうか。

あるいは、先の谷根千や古民家カフェを通じて、下町的なものがお洒落なものとしても読解されるようになった現在では、ホッピー通りにこそ、パンケーキが似合うようになっているとも言える。

ホッピー通りに新しくできたカフェ

ホッピーは味や効能で飲まれているのではない。東京東側という独特の文化が存在し、それに触れるための手がかりだと信じられて飲まれてきた。その点で言えば、下町を想起させてくれそうなものであれば、サワーや焼酎ハイボールでも良かったし、それらと比べてもホッピーは依然としてマイナーなままである。

ホッピーは、そのマイナーさゆえに東京の下町イメージと結びつき、独特の文化的位置を占めてしまった。ホッピーはどこにでもあるが、しかし、どこで飲んでよいわけではない。ホッピーをどこで誰とどんな飲み方をするかが、否応なしに飲み手がどのような人であるのかを表現してしまう。そして、そのことに自覚的でありすぎても、無自覚でありすぎても、ホッピーを美味しく飲むことはできないのである。

参考文献

J・アーリ&J・ラースン、二〇一四、『観光のまなざし〔増補改訂版〕』法政大学出版局．

MacCannell, D., 1973, "Staged Authenticity: Arrangement of Social Space in Tourist Settings," *American Journal of Sociology*, 79(3): 589-603.

（岡本　亮輔）

Ⅵ　孤高の「酒」ホッピー

――あるいはホッピーの文化人類学――

ホッピーの面白さは、その飲み方のフリースタイル性にある。ホッピーの飲み方は、店であるホスト側が決めるのではなく、客であるゲスト側に委ねられている。このとても単純なことが、飲みモノとしてのホッピーのすべてである。本章ではホッピーをあくまでモノとしてとらえ、飲みモノとしてのホッピーが、飲み手にどのような行為を促すのか、あるいは拒むのかを考えていく。そしてホッピーを、群れることを拒む孤高の「酒」として讃える。

1　飲みモノとしてのホッピー

今でこそ若者や女性にも広く浸透したホッピーだが、かつては「オヤジの酒」、「労働者の酒」というイメージが強く、「ビールの代用品」、「早く安く酔うための酒」という不名誉な印象が少なからずあった。なかには「おばあちゃんからの遺言で、ホッピーだけは飲んではいけない、といわれた」（『特選街』二〇〇六年五月号）という話まであり、いかにホッピーがネガティブなイメージで語られてきたかが窺い知れる。これは恐らく、戦後ヤミイチにて出回っていた粗悪なアルコール飲料（詳細は第I章、橋本二〇一五等を参照のこと）とホッピーのイメージが重なったことによる影響と考えられる。実際、ホッピービバレッジ社がブランドイメージ改善のために、一九九八年に行った聞き取り調査においても「ホッピーを飲むと腰が抜ける」、「自分の子供には飲ませたくないと親に言われた」など、安価で悪酔いするといったネガティブな回答が多く寄せられたという（『日経ビジネス二〇〇六年七月三日臨時増刊号』）。

だがご存知のように、ホッピーそのものは決して酒ではない。酒税法（第二条第一項）に明記されているように、日本社会においていわゆる酒（酒類）に相当するものは、アルコール度数一％以上の飲料を指し、アルコール度数を〇・八％に寸止めしているホッピーは酒には当たらない。ここであえて「寸止め」という表現を用いたが、ホッピーの製造工程はビールのそれとほぼ同じである。ホッピーはビールに比べ醸造期間が短く、アルコール度数が高くなる一歩手前で寸止めし、独自の技術で麦芽の風味をもつノンアルビアとして売り出しているのである。

一九九四年に酒税法が改正されるまで、ビールの製造は、年間最低二〇〇〇キロリットルを生産している会社のみが許可されていた。だが規制緩和後は最低生産料が一気に六〇キロリットルまで下がることとなり、ホッピービバレッジ調布工場でも「地ビール」の製造が可能となった。つまりホッピービバレッジはもともとビールを生産する技術・設備を有していたにも関わらず、生産量の壁のため、ノンアルビアとして寸止めビールことホッピーを製造していたわけである。

ホッピーは厳密な意味で酒ではない。しかし冒頭のイメージ通り、ホッピーは酒の場で、中高年男性を中心に消費されてきた。ホッピーが酒とほぼ同じ扱いをされてきたのには明確な理由がある。それはホッピーが消費され、拡大する場が居酒屋であったためである。戦後間もない頃、ホッピーを製造販売していたコクカ飲料は、ホッピーを焼酎の「割り材」、あるいはビールの代用として店側に推奨したことは一度もなかったという（『特選街』二〇〇六年五月号）。だが戦後から高度経済成長期にかけてホッピーは、ビールの代用品、あるいは「ビール」という表記のもと販売されてきた。戦後の闇市などではホッピーを「生ビール」と表記して売る店もあったという（『東京人』一九九八年八月号）。いうまでもなくホッピーが主に消費されてきた場所は居酒屋であり、あくまで「酒」として人々に消費されてきたのである。

一九五〇年代からホッピーを販売し、キンミヤ（亀甲宮）との相性の良さを広めたとされる小田原の柳屋（一説には柳屋の先代の女将がキンミヤとの相性の良さを発見し広めたとされる。『散歩の達人』二〇一三年五月号）、一九六五年の開店当初からホッピーを仕入れ続けている加賀屋グループ[1]、ホッピー創業者、石渡秀とも縁が深い浅草の通称「ホッピー通り[2]」、このような場を介してホッピーは社会に浸透してきたのであり、世間的にはくあまで居酒屋の「酒」としてとらえられてきた。

そのため本章でもホッピーを「酒」として扱うことにしたい。ホッピーを原液のまま飲むという（かなり特異な嗜好をもった）方もいらっしゃるかもしれないが、ホッピーは基本的に焼酎（甲類焼酎）とともに消費され、多くの場合、居酒屋やそれに類する場所で飲まれている。

さてホッピーを「酒」とし、それが主に家庭ではなく酒場（居酒屋や店舗といった不特定多数の人が集まる場）で飲まれてきたモノであるとすると、次に議論しておかなければならないのは、誰が誰とどのように飲むのか、ということであろう。この点を考えるうえで、二〇世紀を代表する文化人類学者であるレヴィ＝ストロースの以下の事例は我々に考えるヒントを与えてくれる。

話の舞台は南仏のありふれたレストラン。期せずして相席となった二人のオジサンが互いにワインを注ぎ合うシーンが議論の入り口となる。これは一般に文化人類学の教科書で「交換」を議論する際に用いられる事例だが、今回は少し違った角度からそれを見てみたいと思う。

安レストランのテーブルを挟み、見知らぬ同士が、一メートルにもみたない距離を介して向かい合わせに座っている（テーブルを個人が独り占めすることは有料の特権であり、この特権は一定の料金以下ではとても与えてもらえない）。―中略―名前も職業も社会的地位もわからない人物はやりすごすのがフランス社会の習わしであるが、小さなレストランでは、そのような人物たちがほとんど肩を寄せ合うようにして一時間から一時間半も同席することになり、ときとして馬が合うというので一つに結びついたりする。孤独を尊重しなくてはならないとする規範と人が集まっているという事実とのあいだで、ある種の葛藤が向かい合って座っているどちらの側にも生じている。―中略―目に見えない不安がどうしようもなく兆してくるだろう。─中略─ワイン交換はまさにこのつかの間の、しかし困難な場面に決着をつけてくれる。

小瓶にはちょうどグラス一杯分のワインが入り、この中身は持ち主のグラスにでなく、隣席の客のグラスに注がれる。するとすぐに相手も同じ互酬的ふるまいで応じる。さていったい何が起きたのか。二本の瓶の容量はまったく同じで、中身の質もさして変わらない。この示唆に富む場面に登場した二人の人物は、結局のところ、自分のワインを自分で飲んだ場合と比べてべつになにも余分に受け取ったわけではない。経済的観点から見れば、どちらが得したのでも、どちらが損をしたのでもない。しかし交換には交換された物品以上のものがある。

（福井和美訳『親族の基本構造』の一四六－一四七頁より筆者が抜粋して再配置）

文化人類学の教科書的には、ここから「交換」の議論がはじまっていく。[3]ここで行われる交換が意味するものは何か？　すなわち安易に経済的な意味に還元することができない交換を文化人類学的に問うていく、というものである。だが本章はここで、交換、インセストタブーから親族の基本構造へと至る「高尚な」議論を展開しようとするものではない。むしろ方向性としてはその逆で（というと語弊があるかもしれないが）、身も蓋もないような世俗にまみれた飲み屋の与太話を続けていくことになる

（何せ本章の対象は南仏のレストランのワインではなく、東京の場末の居酒屋のホッピーなのだから）。

さて、ここで考えたいのは、先の南仏のレストランで起きたような出来事が、果たしてホッピーを介して起こりうるか？　ということである。つまり、東京の場末の居酒屋において、二人のオジサンが相席している場面で、ホッピーを互いに「やぁやぁ」と次ぎ合うような光景が起こりうるか？　ということである。答えは「否」であろう。ワイン、瓶ビール、日本酒であるならばまだしも、ホッピーはこのようなことがまず起こらない。それはもちろん一方で人間であるオジサンたちがそのように行動しないからだともいえるが、他方でモノであるホッピーがオジサンたちにそうさせないように働きかけているからだともいえる。モノとしてのホッピーが人間に働きかけるとはどういうことか？　以下ではこの飲みモノとしてのホッピーの意義を文化人類学の近年の議論を紹介しながらもう少し掘り下げてみたい。

2　イメージからモノへ（ホッピーという飲みモノ）

近年、とりわけ二〇〇〇年頃から、文化人類学の研究領域においてモノの研究が盛んに行われるようになってきた。一九六〇年代以降、隆盛を極めた象徴人類学的研究のなかで、社会集団内におけるモノは、あくまで人間によって特定の意味を与えられた存在として描かれる傾向が強かった。すなわち道具、装飾品、商品、美術作品、工芸品といったモノが、その社会集団の中においてどのような意味をもち、何を表象しているか、ということが大いに議論されてきたわけである。だが、近年そうした視点からモノを見るのではなく、モノそのものが人間にどのような働きかけを行うのかという点からの研究が注目されるようになってきている。たとえばホッピーを例に考えてみると、ホッピーという飲みモノに対して我々は特定のイメージを付与してきたわけだが、そうではなく、モノとしてのホッピーが我々に対してどのような働きかけを行っているか、という点が再考されるようになってきたわけである。

このような視点が検討される背景には、人文科学における人間中心主義への「反省」があった。これまで文化人類学はあくまでもヒトを主役とし、モノは脇役としてのみ扱う傾向が強かった。少し専門的に言い直せば、これまでの議論ではヒトにのみエージェンシー（行為主体性・能動的な役割）を与え、モノはあくまでそれに従う「死せる客体」としてのみ描かれてきたというわけである（床呂・河合二〇一一：一五）。もちろんヒトとモノとの関係をこのように説明をすると、次のように反発する人もいるだろう。すなわち、ホッピーを作っているのはあくまでも人間である。ホッピーのボトルを作っているのも人間だし、飲んでいるのも人間だ。だからホッピー自体がわたしたちを動かすなんて到底考えられない。あくまで人間がすべてを動かしているのだ。モノがヒトに働きかけるなどおかしな議論だ、と。

だが、ホッピーが今のような形になった経緯を考えると、やはりモノからヒトへの働きかけを考えざるを得ない。ホッピーを生み出したコクカ（旧秀水社）はもともと、イカリラムネという清涼飲料水を製造販売する会社であった。それが戦後、世間の需要とともにノンビアビールとして（結果としては「割り材」として）ホッピーを生産していくわけだが、ホッピーを販売する際に容器として使用されたのは、進駐軍が捨てていった空き瓶であった。[4] 戦後の闇市では、ホッピーを詰めるための瓶が足りず、回収業者に頼んで進駐軍が捨てた空き瓶を丁寧に洗い、ホッピーを詰めていったという（『文芸春秋』二〇〇八年九月）。そのため闇市では「ビールの代用品」とされながらも、モノとしてのそれは、全く違う様相を呈したわけである。

日本の瓶ビール（大瓶）の容量は、六三三㎖（時代によっては六三三・一七㎖）に統一されており、一九四四年にそれは定められた。徴税の都合上、内容量を統一するために調査が行われたが、当時ビール会社が使用していた大瓶は、最大のものが三・五七合（六四三・九九㎖）、最小のものが三・五一合（六三三・一七㎖）と不統一であった。そこで最小の容量に合わせれば大きい容器でもそのまま使用できるだろうということで、三・五一合（六三三㎖）に統一されたという（青野 二〇〇一：六二）。ところがホッピーの容量は三六〇㎖であり、「ビールの代用品」として需要されながら、モノとしてはビールとは異なる「飲み方」を人々に求めることとなった。

ホッピーを「ビールの代用品」として飲む場合、おおよそ数回に分けて飲まなければならない。焼酎とホッピーの割合は一：五が理想とされているが（メーカーホームページのホッピーの飲み方より）、二回で飲む場合の焼酎とホッピーの容量は、三六㎖：一八〇㎖となり一杯分の容量は二一六㎖、三回で飲む場合の焼酎とホッピーの割合は、二四㎖：一二〇㎖となり一杯分の容量は一四四㎖、これが「理想的」なホッピーの量となる。もちろんグラスのサイズや氷の有無によって状況依存度が高いことは言うまでもない。ホッピーをまるまる一本用いるとなると、焼酎とホッピーの割合は七二㎖：三六〇㎖で合計は四三二㎖となる。泡で膨らむ部分を考えると、五〇〇㎖程度のビールジョッキにちょうどおさまる具合になる（ちなみに現行のホッピージョッキは、焼酎の濃度を七〇㎖と一一〇㎖に選べるよう、★印がついている。ホッピーの容量が三六〇㎖なので「濃いめ」に作ったとしても、四八〇㎖とちょうど専用ジョッキに収まるように作られている）。いろいろと数字を並べて冗長に書いてしまったが、要はホッピー一本をまるまる「割り材」として使用する場合、ビールジョッキ程度のグラスが必要になるというわけである。

　果たしてホッピーが世に広まっていった一九五〇年ごろ、一パイント（五六八㎖）程度のビールジョッキ、あるいはビールの中ジョッキの定番サイズである四三五㎖のジョッキが、闇市にあったであろうか。「昭和のコップ」といえば、ビールメーカーのロゴがはいった片手におさまる程度のグラスコップがすぐに想起されよう。映画『男はつらいよ』シリーズで、寅さんが「ビールちょうだい！」と言ってビールと一緒に出されるあのコップである（たとえば『男はつらいよ』シリーズ第二〇作「寅次郎頑張れ！」にて、実家を追い出された主人公寅次郎が定食屋にて「ビールの一本もらおうか」といって出されたコップは二〇〇㎖程度の容量のグラスコップである）。一九四七年のカストリ酒場の写真を見ても、みな片手におさまるぐら

写真１　『アサヒグラフ』1947年6月18日号

いのサイズのグラスコップで酒を飲んでいる（写真1）。
つまりホッピーを「ビールの代用品」として飲むためには、何杯かに分けて小さいコップにつぎ足しながら飲む必要があったわけで、好むと好まざるとに関係なく「理想的」な割合で飲むためにはそうせざるを得なかったのである。

当然、ホッピーを作ったのはヒトであるし、ホッピーの瓶を作ったのもヒトである。そしてホッピーをどう飲むかもヒトの意思が多分に反映される。しかし、ホッピーを「理想的な割合」で飲むためには、三六〇㎖入りのホッピーと小さめのコップという両者をうまい具合に使いこなす必要があった。もちろん、コップのサイズが小さいのであれば、ホッピーの瓶も小さくすればよかったわけだが、終戦直後は専用の瓶を生産、確保することは難しく、進駐軍の空き瓶を使用せざるをえなかった。このようにしてモノとしてのホッピーは、数回に分けて飲むという行為をヒトである「飲み手」に求めるようになったわけである。

さて、モノとしてのホッピーがヒトに対して、数回に分けて「割り材」として使用する、ということを促す作用があるとすると、今度はホッピーというモノが社会集団内において、どのような記号として働くかということが気になってくる。すなわち人々はホッピーを介してどのような意味を交換するのであろうか。先の南仏のレストランの事例において、相席した者同士が互いのグラスにワインを注ぎ合うという光景をとりあげたわけだが、改めて飲みモノという観点からその事例を考えるならば、それが水でもコーヒーでもなく、ワインであったという部分に注意すべき点であろう。ワインに代表されるような酒は、これまで多くの社会集団において、互いに共有するという意味を強くもってきたモノであったからである。繰り返しになるがホッピーは酒ではない。しかしそれは酒場で「酒」として扱われてきたことは前述の通りである。以下では、人々に共有される酒と、共有されない「酒」についで考えていくことにしたい。

3　モノから記号へ（「ひとり飲み」のサイン）

酒の研究に造詣が深く、また「酒の博士」とも言われた農芸化学者、坂口謹一郎の著書『日本の酒』は次のような語りからはじまる。「世界の歴史をみても、古い文明には必ずうるわしい酒を持つ。すぐれた文化のみが、人間の感覚を洗練し、美化し、豊富にすることができるからである。それゆえ、すぐれた酒を持つ国民は進んだ文化の持主であるといっていい」(坂口 一九八五：一八)。

文化相対主義的な立場に立てば、この意見にはちょっと距離を置かなければ、と思う点がないわけではない。だが酒が広く人類に共有された嗜好品であり、またそれぞれの文化圏において独自の形で発展し、今日に至っている、という著者の率直な思いは伝わってくる。酒に限らず、嗜好品となるような飲食物は、さまざまな地域で特別な意味を与えられ、社会集団内で交換、共有されることで親しまれてきた。たとえばそれは中国東南部における飲茶、モンゴルにおけるバター茶、アラブ地域におけるカルモダン入りのコーヒー、モロッコにおける砂糖たっぷりのミントティー、南太平洋各地でみられるカヴァなど、アルコールの有無に関わらず共有されることに大きな意味が置かれてきた(渡邊 二〇〇四)。

ただ酒は、これらの嗜好品における交換、共有するという意味に加えて、アルコールによる生理的な作用を飲み手に与えることも重要な要素となっている。飲酒によってセロトニンやドーパミンの分泌が促進され、いわば「気が大きく」なり、緊張感を解き、社交を促す効果が期待できるためである。つまり酒は交換や共有という社会的な意味だけではなく、それほど親しくない者同士の緊張を生理的に緩らげるという意義においても効果的であり、またその効能が期待されてもいる。たとえば文化人類学者の吉田集而は、日本社会が「酔っぱらい」に対して寛大であることを「酔った人々は、赤子にたとえられるようなたわいない存在になってしまうと見られる。日本人が赤子を純粋無垢な存在とみるのは、一種の性善説をとっているると考えられるが、それは酔っぱらいにも適用される」と指摘し(吉田 一九八七：三〇)、酒の酔能、酩酊がもたらす作用をポジティブに評価する。

酒がもたらす生理的作用を、社交の道具として積極的に評価するのは洋の東西を問わないようである。たとえば哲学者カントも『人間学』にて以下のように酒について語り、その場にいる全員が酒を共有し酩酊することを一種の「徳目」として肯定的にとらえている。

「――また飲酒は人々の心を開いてくれるので、お酒はある一つの道徳的な特性を呼びよせる物質的な運搬手段ともいえるが、それは〈腹蔵のなさ〉という徳目である。――純朴な心にとって自分の考えをいわずに我慢するというのは息苦しい状況であり、だからまた陽気な酒飲みからすると誰であれ宴席で酒を飲まないでいるというのは許しがたいのであって、それはなぜかというと、そういう奴は見張り役を任じているのであって、他人の失敗に注意を向け自分自身の失策は用心するからである」(カント 二〇〇三：八八)。

酒の生理的な作用についてはよく分かった。そこに共有されるモノという観点を加え再び日本社会の事例からみていこう。日本民俗学の祖である柳田国男は「日本人」が見知らぬ他者との緊張緩和のために酒を用いていたことについて、明治以降、農村から町へと人が出ていくことが飲酒の機会を増やす契機となったと主張する。つまり酒飲みを多くしたのは、「手短にいうならば知らぬ人に逢う機会、それも晴れがましい心構えをもって、近づきになるべき場合が急に増加して、得たり賢しとこの古くからの方式を利用し始めた」ためであるという。

また酒の飲み方についても、「元来は酒は集飲を条件として起こったもので、今一つ以前は神と人と、ともに一つの甕のものに酔うという点が、面白さの源をなしていたのである。今日の眼から見れば、実に煩瑣ないろいろの酒令というものがあって、それがまた容易に得られぬという楽しみの理由でもあった」と述べる。つまり酒は、神と人とがともにそれを享受することで、祝祭的な雰囲気（無礼講）を作り出すための役割を果たしてきたというわけである。そして柳田が「独酌はたしかにまた明治大正時代の発達であった」と述べるように、日本社会が「近代化」されるにつれて、ひとりで酒を飲むという「明治以来の新発見」がなされることとなった。独り飲みなどはそれ以前は破天荒であったと柳田は語る（以上、柳田 二〇〇一：二一七―二二〇）。

もちろん柳田の言をそのまま受け入れることはできない。明治以前も少なからず独酌はあったであろうことは想像に難くない。しかしそれが今ほど一般的ではなかったこと、また社会において適切な酒の飲み方として一般化されていなかったであろうことは確かであろう。[5] もちろん今でも、柳田が「古風」と称するような酒の飲み方は残っている。たとえば沖縄県宮古島で行われる「オトーリ」は「酒のトライアスロン」とも称されるが、ひとつの杯を参加者皆が共有する。「オトーリ」では酒と杯

（コップ）が用意され、「親」が口上を述べてから酒を飲み、同じコップに酒を注ぎ、参加者が順々に口上を述べて酒を飲むというものが続いていく（渋谷 二〇〇四）。地域や時代によって形式は多少異なるかもしれないが、参加者の間に杯が回っていくという点は変わりない。集飲される酒の典型的な事例といえよう。

さて、このように日本社会で（あるいは日本以外の多くの社会でも）、酒は人々あるいは人を超えた霊性的な存在と共有し、社会集団における円滑なコミュニケーションを促す「道具」として利用されてきた。ではホッピーはどうであろうか。上で述べてきたようにホッピーという「酒」は共有することを拒む「酒」である。それはモノとしてのホッピーが独酌を飲み手に要求するためであり、「一つの杯から順に一同が飲む」のではなく、各々がそれぞれの小瓶からグラスへとホッピーを注ぐことでそれが完成されるためである。ホスト側が「まぁまぁ」と言ってゲスト側にホッピーを注ぐことは、注ぎ手であるホスト側が勝手にホッピーの濃度を変えてしまう行為であり、ゲスト側の意に反することになる。つまりホッピーは酒という「道具」がもつ、「とったりやったり」という行為を促進しない飲みモノなのである。これをより分かりやすく説明するため以下、以下二つの架空の場面を考えてみよう。

想定される場面①　大学におけるゼミ・サークルの打ち上げ

都内のある大学の団体が飲み会を企画した。何かひとつ大きなイベントが終わり、十数人規模の集団が居酒屋を予約し、打ち上げを行った。各人が席に着くと、店員が「ご注文をお願いします」と集団に声をかける。すると幹事（あるいは儀礼の執行者）が「ビールの人！」という声（あるいは呪文）を発する。集団は各々手を挙げたり挙げなかったりし、ビールあるいはウーロン茶が各人に振る舞われる。この場面でホッピーを注文する人はほとんどいないであろう。いたとしても（下戸、ビールが苦手といったような）よっぽどの理由をもつ者であることが予想される。普段からホッピーを愛飲している人であっても、この（乾杯の）場面では、とりあえずビールに付き合うことが多いだろうし、実際そうであることが求められていることを本人も自覚しているはずである。一杯目の飲み物はできるだけ早くそろったほうがよい。そのため足並みを乱すホッピーは、この場合は不適切だと判断されるのである。

想定される場面②　葬式、法事あるいは結婚式といった場面

首都圏に居住するある一家に不幸が起きた。体調を崩し、数年前から入退院を繰り返していた高齢者が息を引き取ったのだ。親族間ですぐに連絡がとり行われ、お通夜、葬儀、告別式などの日程、段取りが決められた。葬儀の日まで、故人の友人や関係者らが故人宅を訪れ、別れを惜しむ。またお通夜、葬儀では親族、知人ら多くの人が集まり故人を偲んだ。さてその際に、食事や飲み物が故人と近しい親族から振る舞われることになるわけだが、そこで提供される飲み物は、日本酒、ビール、オレンジジュース、ウーロン茶などであり、決してホッピーではない。また斎場では、火葬が終わるまで

の待ち時間に酒が振る舞われることも多いが、そこで提供される飲みモノは概して、瓶ビール、日本酒、（普段目にすることが少ない）瓶入りのウーロン茶、瓶入りのオレンジジュースなどである（写真２）。

これらの飲みモノが意味しているのは、当然、各人が自由に飲みモノを飲むことではない。そうではなく参加者が互いに飲みモノを注ぎ合う行為である。先の南仏の事例は日本における冠婚葬祭の場面と似通ったところがある。喪主、あるいはそれに類する者（ホスト側）は、各テーブルへ挨拶に回り、参加者（ゲスト側）に酒を注いでいく。その際重要なのが、各人に注がれる酒そのものではなく、酒が注がれるという行為の方である。飲みモノを注ぐという行為を通して、両者の円滑な関係性が作り出されるためである。普段めったに会うことのない遠い親戚、遠方からやってきた友人、初めて会う故人の関係者など、いわば「目に見えない不安」を抱え合う両者にとって、円滑な関係性を構築するための、ファーストコンタクトを演出する役割を担っているのが、瓶入りの飲料と小さなコップなのであり、「いかがですか？」「あ、ありがとうございます」というこの簡単な会話がなされることで両者の緊張は緩和する。そのため、斎場では普段目にすることがほとんどない、瓶入りのオレンジジュース、ウーロン茶などが常備されているのである。

写真２　斎場で提供される飲みモノ

以上、二つの場面を通してホッピーが似合わない状況を提示したわけだが、いうまでもなくホッピーは共有されるものとしての酒の意義を負っていない。ホッピーはむしろその逆であり、他者と共有することをかたくなに拒むモノなのである。ホッピーが世に広まった時代こそ、それは「ビールの代用品」であったかもしれないが、こと「飲まれ方」に関しては、瓶ビールとその社会的な意義を全く異にするものなのである。

筆者が関東圏の居酒屋で見かけるホッピー愛好者の多くは、ひとりでもつ焼き、モツ煮などを「あて」にホッピーを愉しんでいる。二〇一五年八月某日、池袋の「みつぼ」にて、店内がいっぱいだったため、外のカウンターで店内が空くまで焼きトンを頬張りながらホッピーを注文する三〇代男性。スマホを眺めながら店内へ入れるようになるまでホッピーの「ナカ」を二回空ける。隣同士で会話をすることはまずない。また二〇一六年三月某日、ホッピーの聖地ともいえる加賀屋グループの中野坂上店。二〇時頃、カウンターに小太りの四〇代男性が着座すると、ホッピー、モツ煮、焼き物数点を注文。誰と何の会話をすることなく、三〇分程度でそれらを完食し退店。隣の席で、日本酒の徳利で熱燗をやっているグループと見事なコントラストを描いていた。

当然、ホッピーに「正しい」飲み方など存在しない。しかしモノとしてのホッピーの飲み方を考えるならば、それはやはりひとり飲みに適している「酒」と言わざるを得ない。ホッピーはひとり飲みの象徴なのであり、大体においてホッピーのある店はひとり飲みしても差し支えない雰囲気なのである。そのため、たとえ不慣れな土地であっても、ホッピーの「のぼり」が立っていると「お、ここはひとりでふらっと入れる店か」と、なるわけである。おまけに値段設定も高価でなく、ホッピーによく合う、焼きトン、煮込みが置いてある可能性が高い。呑兵衛にとってホッピーの「のぼり」、提灯は、ひとり飲み歓迎のサインでもあるのである。

4　孤高の「酒」、ホッピー

ホッピーがひとり飲みに適した「酒」であるということは、以上で明確なものとなった。もちろん皆でわいわい楽しむホッピーを否定するわけではない、ただやはりホッピーは場末の居酒屋でくたびれたスーツを着たサラリーマンがひとり飲みを愉しんでいる方が画になる、とわたしは思ってしまう（以降、本章の執筆者を筆者ではなく「わたし」と呼ぶが、これは内容に個人的な見解を多く含むことを意味する）。このホッピーの性格を見事に表現しているのが二〇〇五年頃のホッピー広告である（写真3）。[6]

この広告はこれまで述べてきたホッピーの心髄が見事に凝縮されている。広告にはアラフォーのサラリーマンと思しき男性が、ホッピージョッキと瓶、割り箸が置かれた小皿、タバコが置かれたテーブルに肘をつき、少しうつむいた様子でアンニュイな表情を見せている。そして次のような言葉が綴られる。

写真3　ホッピーの広告
(『週刊大衆』2005年1月10日・17日合併号)

ホッピー飲んだ。
ひとりで飲んだ。
のんびり飲んだ。

「勝ちてえなぁ」

ホッピーが何たるかをまさに示している広告と言えよう。「ホッピー飲んだ。」のは仕事終わりだろう。あるいは仕事半ばで「心が折れて」飲み始めたのかもしれない。襟があいたサラリーマン風のオジサンのワイシャツからは、「労働後」の感があふれている。「ひとりで飲んだ。」という部分も重要である。ホッピーを皆でわいわい飲むのも楽しかろうが、以上で論じてきたように、ホッピーはあくまで、ひとりで飲むように「設計」された飲みモノなのである。もちろん二人以上でホッピーを飲むこともあるだろう。だがあくまでその飲み方は各人に依存している。「のんびり飲んだ。」という部分は、それがよく表現されている部分であろう。これはもちろん飲む早さのみを表現しているわけではない。酒は人によって飲むペースが異なる。ホッピーは割り方次第でアルコール濃度を調整できるのであり、その割り方は提供する側ではなく消費する側の客に委ねられている。そのためこの「のんびり」とは終始「自分のペース」で飲んだということを意図していると解釈できよう。

そして最後に「勝ちてえなぁ」が来る。この最後の一文も実に趣き深い。何に勝つのか、同期入社の同僚に勝つのか？ 自分に勝つのか？ 世間に勝つのか？ 賭け事に勝つのか？ この一言から、これまでホッピー文化が培われてきた浅草ホッピー通り、サラリーマンが憩う新橋あたりをすぐに想起してしまう。浅草であれば場外馬券場で「競馬に勝ちてえなぁ」、加賀屋グループが多く点在するサラリーマン生息地であれば「同期入社のあいつに勝ちてえなぁ」、となるだろう。加えてこの「勝ちてえなぁ」は、東京山手を背景に作られた標準日本語の「勝ちたいなぁ」であってはならない。もちろん関西弁の「勝ちたいわぁ・勝ちたいねん」、博多弁の「勝ちたかぁ・勝ちたいと」などでも駄目で、あくまで東京下町の、AIの発音がE化する「勝ちてえなぁ」でなければならない。いうまでもなくホッピーが生み出された土壌が東京下町であるからである。

二〇〇〇年頃の雑誌に目をやると、ホッピーを楽しく明るいお酒として取り上げる記事が多いことに気づく。「隣の席にホッピーを飲んでいる人がいると、声を掛けて、ホッピー論議を始める。気がついたら友人になっている。これがホッピーの最大の魅力」（Yomiuri weekly 二〇〇一年九月九日）などである。もちろん第Ⅳ章で触れられているように、それは「理想的」なホッピーの飲み方のひとつなのであろう。ただわたしに言わせれば、ホッピーはおひとり様のオジサンによく似合う「酒」なのである。会社でも家庭でもない第三の居場所である（特別な）居酒屋にて、誰にも邪魔されない時間をひとり愉しむ、大人のための「酒」。他者に気遣う必要もない、値段を気にする必要もない、時間に追われることもない。群れることを良しとしない孤高の「酒」、それがホッピーなのである。

注

1 加賀屋グループにホッピーを卸してきた秀和物産の上野聖二社長による次の話はホッピーの販路の歴史を知るうえで非常に興味深い。「ホッピーは加賀屋さんが店を始められたときから入れさせてもらっています。（中略）当時はホッピーを扱ってくれる店がほとんどなかった。一〇〇軒あったら九九軒に断られるような、マイナーもマイナーな飲料でした」（『プレイボーイ』二〇一二年八月六日）。

2 ホッピー創業者、石渡秀は浅草ロック座のキャバレー「処女林」を経営し、浅草「松竹座」のマネージャーでもあった。実業家、石渡秀の浅草での影響力は、浅草で酒販売を営む「菊本屋」が一九六〇年代からホッピーを卸していたことからも窺い知れる（『東京人』二〇一五年五月号）。

3 たとえば中川敏著『交換の文化人類学』ではこの事例を効果的に用いて、文化人類学が対象とする贈与交換と、経済学が得意とする取引交換を対比的に描き、丁寧かつ分かりやすく論じている。ここでは深く論じることのない「交換」をめぐる文化人類学的議論の魅力と可能性は［中川 一九九二］を参照されたい。

4 映画『欲望という名の電車』（一九五一年）で飲まれているビールらしき酒瓶は、日本のビールの大瓶サイズではなく、現在のホッピーのサイズと同じ程度のものである。当時はこのようなビールの空き瓶が進駐軍のゴミとして捨てられていたことと想像される。

5 嗜好品の独酌は、アルコール成分の有無に関わらず不適切とされることが多い。たとえば南太平洋各地で広くみられるカヴァも独りでそれを飲むことが固く禁じられている。丹羽によれば、フィジーでは独りでカヴァを飲む行為は黒魔術的な振る舞いと考えられており、カヴァを飲むためには必ず二人以上の参加者が必要であるという（丹羽 二〇〇四：一八六）。

6　たとえば『週刊大衆』一月一〇日・一七日合併号に掲載されている。

参考文献

青野修、二〇〇一、「ビール瓶の容量」『大学の物理教育』二〇〇一年二号：六一頁.
カント（渋谷治美・高橋克也訳）、二〇〇三、『カント全集〈一五〉人間学』岩波書店.
坂口謹一郎、一九八五、『日本の酒』岩波書店.
渋谷研、二〇〇四、「沖縄の宴――シチエン（七宴）とオトーリの間――」渡邊欣雄編『世界の宴会』勉誠出版.
床呂郁哉・河合香吏編、二〇一一、『ものの人類学』京都大学出版会.
中川敏、一九九二、『交換の民族誌―あるいは犬好きのための人類学入門』世界思想社.
丹羽典夫、二〇〇四、「終わりなき酩酊――フィジーのカヴァ文化と歓待の宴――」渡邊欣雄編『世界の宴会』勉誠出版.
柳田国男、[一九三一]二〇〇一、『明治大正史 世相篇』中央公論新社.
吉田集而、一九八七、「日本人の酒の飲み方についてのノート」『国際交通安全学会誌』一三巻二号：二七―三二頁.
Levi-Strauss, C., 1948, *Les Structures élémentaires de la parenté*, Paris: Presses Universites de France.（福井和美訳『親族の基本構造』青弓社、二〇〇〇年）
渡邊欣雄、二〇〇四、『世界の宴』勉誠出版.

（小林　宏至）

おわりに

私とホッピーの出会いはまだ幼いころだった。母親に連れられて近所を歩いていると、居酒屋のドアに張り出された「ホッピー」のポスターが目に留まった。具体的に何歳の時だったのかは覚えていないのだが、平仮名と片仮名を覚えたばかりだったと記憶している。世界にあふれる漢字という読めない文字たちの中に自分の読める「ホッピー」という文字があったことに気を取られた。しかも、その「ホッピー」という響きは「ジュース」や「コーラ」、「サイダー」といったものに通じていて、何ともいえない興味が子供心に湧き上がってきた。すかさず母親に飲んでみたいとおねだりしてみたのだが、当然許されるはずもなかった。

我ながら、どうしてこんなことを覚えているのだろうかと不思議でならない。ただ、かなり強いインパクトを当時の私に与えたということは間違いがないのだろう。それは飲んだこともないホッピーのもつ不思議な魅力に捕えられたという経験だ。それから二〇年前後の年月が流れて、実際にホッピーを飲んでみることができた。幼いころ勝手に想像したジュースのような爽やかな味とはかけ離れていて、とてもおいしいと感じるようなものではなかったというのが、その時の偽らざる感想である。

しかし、私は今でもこの美味しいのか、不味いのかよくわからない奇妙奇天烈な飲み物を喜んで飲んでいる。幼い頃に感じた妙な魅力、それを今でも引きずっているのかもしれない。

本書に手を伸ばした方には、ホッピーの長年の愛好者から、学術的な関心を持つ人まで、いろいろな方がいるだろう。そうした読者諸氏の中には、ホッピーについてほとんど知らないか、飲んだことがないという人も含まれるはずである。そこで本書が主たる読者として想定しているのは、飲んだこともないのにホッピーの持つ不思議な魅力に、ほだされてしまった人達である。本書はホッピーについて知識がなくても読めるように、その上で、ホッピーについて知ることができるようなちょっと類書のない社会・文化論になるように企画されている。学問的なやや堅苦しい話を、ちょっと気になる対象から、語ってみようということである。こうした目論見が成功しているかどうかは読者のみなさんの判断にお委ねしたい。

本書を締めくくるにあたって刊行までの経緯を振り返っておきたい。我々、「ホッピー文化研究会」は共同研究の糸口として、どうしてホッピーは二十一世紀、平成の世にリバイバルを遂げることができたのかという問いをたてた。メディアや巷では昨今の第三次ホッピーブームの原因について様々な語りがなされていた。例えば、健康にいいとか、昭和ブームが背景にあるとかというようなことである。確かに私の知人の中にも、痛風の発作をきっかけに晩酌をホッピーにかえたという人が複数いる。

昭和のノスタルジーを装った居酒屋が増えているし、昭和のころにホッピーを飲んでいた思い出を若者に語ってきかせるおじさんと一緒に、ジョッキを傾けたこともある。そもそもホッピーの味が好きという人もいる。私自身はホッピーよりもビールの方がおいしいと思うのだが、確かに近年広まりをみせている三冷や、生ホッピー（ホッピービバレッジ社的には樽ホッピー）といった飲み方にすると、それまでのホッピーとは一味違う風味となる。

このようにホッピーリバイバルの原因は複数あげることができる。確かにどれも間違いではないのだろうが、どれか一つが決定的な要因というわけでもない。本書でも触れているように酒を飲んで体にいいなんてことはないし、平成生まれの若者も昭和の「なつかしい」雰囲気の中ホッピーを飲むし、安くて酔えるといっても値段という意味でホッピーが特別安いということもない。痛風をきっかけにホッピーにしたが、やはりなじめず結局はビール党に戻ったという人も少なくない。様々なリバイバルの原因が語られるが、どれも正解でありつつ、どれか一つでは完全な回答にはならない。そこで、我々はこうした複合的なリバイバルの要因を、テーマごとに分担し、それぞれが担当のテーマについて考えていくことにした。

こうした問題意識から議論を行うことで学術的な場面で語られることのなかったホッピーを、真面目に議論の俎上に載せてみると、案外いろいろな角度から分析できることがわかってきた。これが本書の基礎となった考えである。

こうした本書には、別の狙いもあった。それは端的に言って学術的な知識を外の社会に開きたいということである。特に私やこの研究会のメンバーの多くが専門とする日本の文化人類学とその隣接の分野では、学会誌などの専門を同じくする研究者を読者に想定した雑誌や書籍に論文を掲載することこそに価値があり、それだけが研究者のすべきことだと考えられる傾向が強い。自分の専門領域で最先端の議論に取り組んでいるのであって、このこと自体は決して悪いことではない。むしろ研究者とはこうした専門性の高い議論をすることこそ本分であり、最も社会から求められているのもこの部分であろう。ただし、自分たちのサークル内でしか理解されない内容のものを、自分たちしか理解できない言葉で論じていくだけでいいのだろうかという問題は残っている。内に向かって専門的な議論することと同時に、外の世界に向かっても開かれている人類学のあり方を模索するべきである。そこで本書は専門の知識を、広く手を伸ばしてもらいやすい形で発表するということを目指した。

そういった意味をこめて、ハーベスト社さんに無理を言って、本書の価格を極力抑えてもらうことにした。ハーベスト社の経営を圧迫しかねないが、できるだけ多くの人が手にとってもらえるようにということである。

また、文化人類学の隣接分野でもある民俗学に対しても一石を投じたいという思いがあった。民俗学の父とされる柳田国男らを中心に形成されたこの領域は、元をたどれば、身の周りにある何気ないものにこそ、当該の社会や文化の本質が宿るという「野の学問」として立ち上げられた。そうした流れは、その後の今和次郎らによる考現学や、生活学といった取り組みへと引き継がれていき、従来の歴史学がとりこぼしていた沃野を切り開いてきた。

しかし、現状の民俗学たるや自らでさえ定義不能な「民俗」なるものを追い求めることに終始しているように見える。場合によってはその民俗とやらは、過去には行われていたが、現代まで伝承されることなく消滅してしまったものであったりする。今はもうない民俗とかいうものの研究が、「野の学問」ということでいいのだろうか。

一方で他の学問と同じように民俗学を「学術」的にしようと努力するグループもあるようだが、学問として抽象度をあげる方向に作用しているようで、どうも人々の生の暮らしという「野の学問」からはさらに距離が生じている。本書が訴えたかったのは、ホッピーという東京近辺でよく見かけるようになったが、なんだかよくわからない身の回りにある「異文化」を掘り下げていくことで、現代社会や近過去の歴史がよく見えてくるのではないかということである。これは「野の学問」をとりもどす一つの方法になると考えている。

我々ホッピー文化研究会設立のきっかけは、とあるシンポジウム終了後の懇親会の席で、ハーベスト社の小林達也社長と話をした時に遡る。その時やや唐突に「藤野さん、ホッピーで本を書いてみない?」と打診された。ホッピーは好きだし、何より飲酒文化には関心があったので面白いと思ったのだが、専門ではない上に独力で一冊の本を書き上げるほどホッピーに関する知識もない。一から研究を始めるための時間を用意することも難しかった。そこで身近な研究者数名に協力を要請したところ、快諾してもらった。ここに「ホッピー文化研究会」という名の共同研究がたちあがることになったというわけである。

研究会を名乗っていても実際にはプライベートなサークルのようなもので、仕事が終わった後に適当な場所に集まり、お互い研究の進捗状況の報告をしたあとに、どこかホッピーの飲める場所へと「フィールドワーク」へ出かけるということを繰り返していった。

この「フィールドワーク」が、はたからどう見えていたかはわからないが、あくまで真面目に考え、調査に出かけていた(つまり、真剣に楽しんでいた)つもりである。そして、メンバーの全員が酒と議論の好きな連中である。何より楽しいひと時となった。

この研究会をある程度進めた後で、東アジア人類学研究会において「ホッピーをめぐる現代民俗学——飲酒文化・健康志向・ノスタルジー」というシンポジウムを開催した。この盛会が本書の基礎となっている。その概要は以下の通り(所属は当時)である。

[日時]:二〇一一年三月五日(土)午後二−六時

［場所］：慶應義塾大学（三田キャンパス）第一校舎一階一〇六教室
［発表一］：藤野　陽平（日本学術振興会特別研究員／東京外国語大学）
「ホッピーが醸し出すノスタルジー――なつかしさ空間の比較考察――」
［発表二］：高橋　典史（東京学芸大学非常講師）
「〈キャラクター化〉する現代ホッピー――底流としての一九九〇年代――」
［発表三］：濱　雄亮（慶應義塾大学先導研究センター（CARLS）非常勤研究員）
「健康的な飲酒――酒へのまなざしの諸相」
［発表四］：碧海　寿広（宗教情報リサーチセンター研究員）
「ホッピー大衆化の歴史的背景――戦後日本における飲酒文化の変容」

ここまでは、順調な滑り出しを見せた我々の研究会であったのだが、当時メンバーの全員が駆け出しの若手研究者であったため、博士論文の執筆が佳境に入ったり、就職が決まり急に時間が作れなかったりといった事情が生じ、個人的な「フィールドワーク」以外の研究がなかなか進まなくなってしまう。また、ともすると遊んでいるように見えなくもない共同研究である。二〇一一年の東日本大震災後に日本国内で蔓延した自粛の雰囲気も我々の筆を遅くした。シンポジウムまで開催してしまったので、各方面であの企画はどうなったの？　と聞かれることも多かったのだが、特に私の重い腰がなかなか上がらずしばらく停滞させてしまった。

　危なく熟成させてしまいそうになった本研究の刊行に向け弾みをつけたのは、二〇一五年六月に東中野で行われたハーベスト社設立三〇周年記念パーティである。この時に三〇周年記念企画として、本書を形にしたいということになった。ハーベスト社が三〇年を迎える二〇一五年八月には間に合わないので、三〇周年期間中の二〇一六年八月までの刊行を目指そうということになる。それから一年、出版に向けたスケジュールはかなりあわただしいものだったが、何とか三〇周年の期間中に本書を世に送り出すことができた。

　こうして出来上がったのが本書である。出来上がったものと小林さんが私たちに提案した意図との間にはずれがあったかもしれないが、その点はご容赦いただきたい。小林さんにも同行してもらい何度となく行われたホッピーの「フィールドワーク」は実に楽しいものだった。その際の意見交換は本書にも大いに反映されている。文末になるが、本書のきっかけをつくり、出版の機会をくださった小林達也社長には心から感謝申し上げたい。これからもホッピーの「フィールドワーク」にご一緒させてもらえればうれしい限りです。

二〇一六年六月

著者を代表して　藤野陽平

©OBARA Sawako, 2016
ぢどり屋（中野）

岡本亮輔（おかもと・りょうすけ）　V章

生年：1979年（昭和54年）

生地：東京都台東区上野出身（根岸小学校、私立城北中学校）

所属：北海道大学メディア・コミュニケーション研究院

専門：宗教学、観光学

主要業績：『聖地と祈りの宗教社会学』（春風社）、『聖地巡礼——世界遺産からアニメの舞台まで』（中公新書）、『聖地巡礼ツーリズム』（共編著、弘文堂）など。

小林宏至（こばやし・ひろし）　VI章

生年：1981年（昭和56年）

生地：東京都北区十条出身（王子第五小学校、富士見中学校卒）

所属：山口大学人文学部

専門：社会人類学、中国客家社会研究

主要業績：「社会的住所としての宗族——福建省客家社会における人物呼称の事例から」瀬川昌久・川口幸大編『〈宗族〉と中国社会その変貌と人類学的研究の現在』（風響社）、「テクストとしての族譜客家社会における記録メディアとしての族譜とそのリテラシー」『社会人類学年報』37号（弘文堂）など。

〈執筆者紹介〉（執筆順）
（氏名（担当章）・生年・生地・所属・専門・主要業績）

碧海寿広（おおみ・としひろ） 「はじめに」、Ｉ章
生年：1981年（昭和56年）
生地：東京都台東区浅草出身（松葉小学校、駒形中学校卒）
所属：龍谷大学アジア仏教文化研究センター
専門：宗教学、近代日本思想史
主要業績：『近代仏教のなかの真宗』法藏館、『入門 近代仏教思想』ちくま新書など。

藤野陽平（ふじの・ようへい） Ⅱ章、「おわりに」
生年：1978年（昭和53年）
生地：東京都大田区仲六郷出身（仲六郷小学校、六郷中学校卒）
所属：北海道大学大学院メディア・コミュニケーション研究院
専門：宗教人類学、東アジア地域研究
主要業績：『台湾における民衆宗教の人類学――社会的文脈と癒しの実践』（風響社）など。

濱 雄亮（はま・ゆうすけ） Ⅲ章
生年：1981年（昭和56年）
生地：神奈川県横浜市日吉出身（矢上小学校、日大中学校卒）
所属：慶應義塾大学文学部（非常勤）
専門：医療人類学、文化人類学教育論
主要業績：「医療人類学教育の実践：その課題と授業研究の提示」鈴木正崇〔編〕『森羅万象のささやき：民俗宗教研究の諸相』（風響社）、「自己エスノグラフィの実践と医療人類学における活用」『文化人類学研究』第13巻など。

高橋 典史（たかはし・のりひと） Ⅳ章
生年：1979年（昭和54年）
生地：東京都あきる野市（旧・秋川市）草花出身（草花小学校、私立桐朋中学校卒）
所属：東洋大学社会学部
専門：宗教社会学、現代社会における難民・移住者と宗教をめぐる諸問題
主要業績：『移民、宗教、故国――近現代ハワイにおける日系宗教の経験』（ハーベスト社）、『宗教と社会のフロンティア――宗教社会学からみる現代日本』（勁草書房、共編著）など。

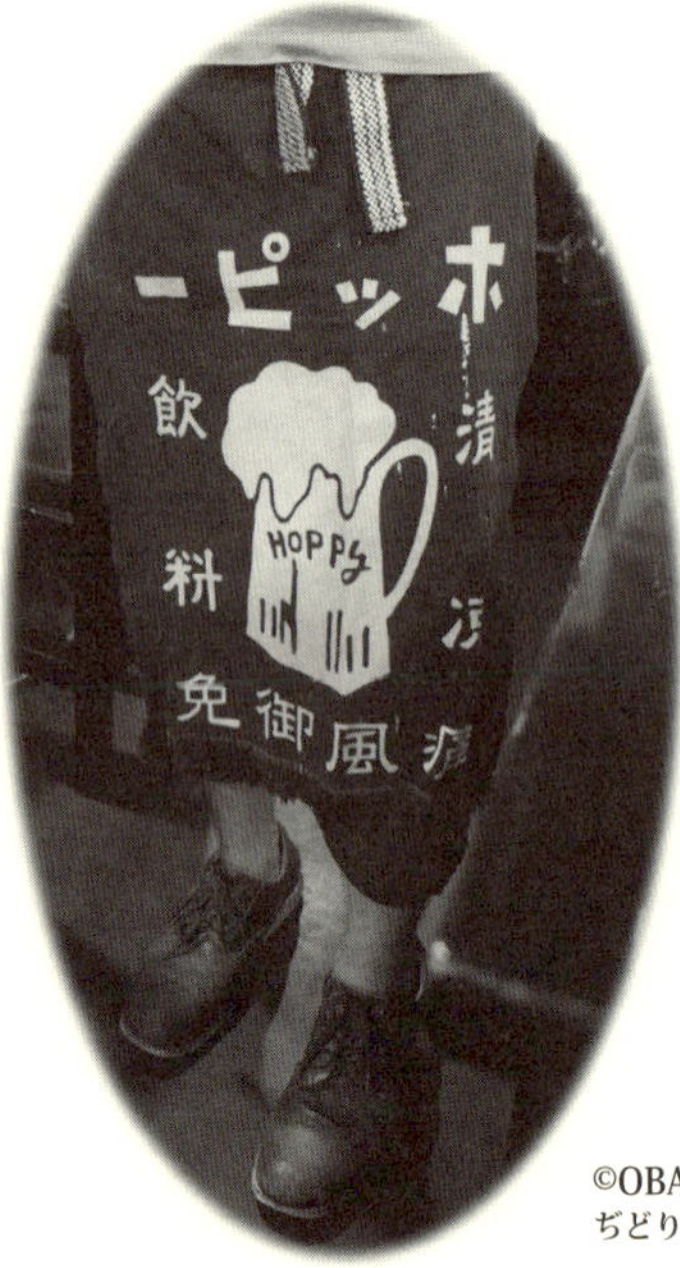

ぢどり屋（中野）

装幀／挿画：おのみさ
写真：小原佐和子（6、40、62、116、175、178 頁）

ホッピー文化論

発　行 ―2016年8月30日　第1刷発行
―定価はカバーに表示
編　者 ―ホッピー文化研究会
発行者 ―小林達也
発行所 ―ハーベスト社
〒188-0013　東京都西東京市向台町2-11-5
電話　042-467-6441
振替 00170-6-68127
http://www.harvest-sha.co.jp
印刷・製本　（株）平河工業社
落丁・乱丁本はお取りかえいたします。
Printed in Japan
ISBN978-4-86339-079-9　C0036